Friedrich Ebert

Sozialdemokrat und Staatsmann

Sonderausgabe
Stiftung
Reichspräsident-Friedrich-Ebert-Gedenkstätte

Friedrich Ebert
Sozialdemokrat und Staatsmann

Walter Mühlhausen

DRW-Verlag

Erschienen in der Reihe
»Prägende Köpfe aus dem Südwesten«

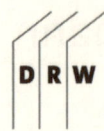
Leinfelden-Echterdingen
www.drw-verlag.de

Einbandabbildung: Friedrich Ebert in Schwarzburg 1919
Abb. Seite 2: Friedrich Ebert am Schreibtisch im Reichspräsidentenpalais 1924
Bildnachweis: Archiv der sozialen Demokratie in der Friedrich Ebert-Stiftung, Bonn: S. 2 oben, 32, 85 – Bundesarchiv Koblenz: S. 59 (Barch, Bild 146-1976-042-11), 66 (Barch, Bild 102-00587), 75 (Barch, Bild 146-1988-079-19), 97 (Barch, Bild 102-00488) – National Archives, College Park / USA: S. 111 – Stiftung Reichspräsident Friedrich-Ebert-Gedenkstätte, Heidelberg: Einbandabbildung, S. 2 unten, 12, 57, 98, 100, 106, 108, 113, 118, 119, 120 – Ullstein Bild: S. 13 – In einigen Fällen konnten die Rechteinhaber nicht ermittelt werden. Hier ist der Verlag bereit, nach Anforderung rechtmäßige Ansprüche abzugelten.

Für die Stiftung Reichspräsident-Friedrich-Ebert-Gedenkstätte in Heidelberg ist 2010 diese nicht im Buchhandel erhältliche überarbeitete Sonderausgabe erschienen.

© 1. Auflage 2008 DRW-Verlag Weinbrenner GmbH & Co. KG,
Leinfelden-Echterdingen
Lektorat: I. Eder – Einbandgestaltung: post scriptum, www.post-scriptum.biz –
Satz: A. Rücker, DRW-Verlag – Druck: Offizin Chr. Scheufele, Stuttgart

Das Werk einschließlich aller seiner Teile ist urheberrechtlich geschützt. Jede Verwertung außerhalb der engen Grenzen des Urheberrechtsgesetzes (auch Fotokopie, Mikroverfilmung und Übersetzung) ist ohne Zustimmung des Verlages unzulässig und strafbar. Dies gilt auch ausdrücklich für die Einspeicherung und Verarbeitung in elektronischen Systemen jeder Art und von jedem Betreiber.

ISBN der Verlagsausgabe: 978-3-87181-710-6

Inhaltsverzeichnis

Prolog: Vom Parteiamt in die Staatsverantwortung – der 9. November 1918 7

Vom Sattlergesellen zum Arbeiterführer (1871–1905) 9
  Kindheit, Jugend und Wanderschaft 9
  Der Aufstieg vom Parteiarbeiter zum Parteifunktionär 11

Der sozialdemokratische Parteiführer (1905–1918) 20
  Organisator der Massenpartei 20
  Parteivorsitzender im Ersten Weltkrieg 27

Volksbeauftragter in der Revolution (1918/19) 37
  Revolutionär wider Willen 37
  Konkursverwalter des Kaiserreiches und Treuhänder der Macht 42
  Wegbereiter der Demokratie 48

Staatsoberhaupt in der Republik (1919–1925) 57
  Beauftragter des ganzen deutschen Volkes 57
  Reichspräsident und Regierungsbildung 65
  Außenpolitischer Vertreter des Reiches 72
  Der Reichspräsident in den Krisen der Republik 79
  Repräsentant der Republik 89
  Opfer der Verleumdungen 101

Das Bild Friedrich Eberts in der politischen
Erinnerung und der historischen Forschung 109

Die Stiftung Reichspräsident-Friedrich-Ebert-
Gedenkstätte in Heidelberg 119

Zeittafel 121

Quellen und Literatur 126

Prolog: Vom Parteiamt in die Staatsverantwortung – der 9. November 1918

9. November 1918, kurz nach 12 Uhr: In der Reichskanzlei in der Berliner Wilhelmstraße 77 empfängt Reichskanzler Prinz Max von Baden eine Abordnung der Sozialdemokratischen Partei Deutschlands (SPD), angeführt von den beiden Vorsitzenden Friedrich Ebert und Philipp Scheidemann. Soeben hat der Kanzler im Zeichen der aussichtslosen militärischen Lage und einer von den Seehäfen ausgegangenen revolutionären Welle, die nun auch die Reichshauptstadt erreicht hat, eigenmächtig die Abdankung von Kaiser Wilhelm II. verkündet. Damit ist eine der wesentlichen Forderungen der SPD aus den vergangenen Tagen erfüllt worden. Dennoch beharrt Friedrich Ebert darauf, die Regierungsgewalt Männern zu überantworten, die das »Vertrauen des Volkes« besitzen, um ein Abgleiten der Revolution in Chaos und Blutvergießen zu vermeiden. Er fordert, das Amt des Reichskanzlers mit einem Sozialdemokaten zu besetzen. Nach kurzer Beratung übergibt Max von Baden die Kanzlerschaft an Ebert. Der SPD-Vorsitzende akzeptiert: »Es ist ein schweres Amt, aber ich werde es übernehmen.«

Das war zwar ein verfassungsrechtlich höchst problematischer, aber politisch unausweichlicher Akt. Er kennzeichnete eine historische Wende: Der Regierungschef des kaiserlichen Deutschland legte dem Vorsitzenden der Sozialdemokratie, die im Kaiserreich seit ihrer Gründung bekämpft und ausgegrenzt worden war, das Schicksal des in Erosion befindlichen Reiches in die Hände. Es waren zwei Badener, die an der Schnittstelle der Zeitenwende den Lauf der Geschichte prägten: Der erst seit fünf Wochen als Reichskanzler amtierende badische Thronfolger übertrug dem gebürtigen Heidelberger das Amt des Reichskanzlers in der Überzeugung, dass der pragmatische Sozialdemokrat keinen radikalen Kurs steuern würde. Friedrich Ebert war mit der Übernahme des Staatsamtes auch Konkursverwalter des Kaiserreiches, in dessen Gründungsjahr 1871 er geboren worden war.

Vom Sattlergesellen zum Arbeiterführer (1871–1905)

Kindheit, Jugend und Wanderschaft

Am 4. Februar 1871 hatte Friedrich Ebert als siebtes Kind des Schneiders Karl Ebert und seiner Ehefrau Katharina in Heidelberg das Licht der Welt erblickt. Es war Ebert nicht in die Wiege gelegt, in der Linie des in Versailles zum Deutschen Kaiser gekrönten Wilhelm I. 48 Jahre später das Amt des Staatsoberhauptes – freilich unter demokratischen Vorzeichen – zu übernehmen. Zur gleichen Zeit, als am 18. Januar 1871 das Deutsche Kaiserreich aus der Taufe gehoben wurde, saß der Sozialdemokrat August Bebel in Untersuchungshaft. Dem charismatischen Arbeiterführer sollte Ebert 1913 als Vorsitzender der SPD folgen.

Friedrich Eberts politischer Weg begann mit seiner Wanderschaft als Sattlergeselle, die wie seine Heidelberger Zeit weitgehend im Dunkeln liegt. Wie bei zahlreichen Arbeiterführern aus dem Kleinhandwerkermilieu fehlen die Quellen. Über die Erziehung wissen wir nichts und auch nichts darüber, wie Kindheit und Jugend seinen weiteren Lebensweg prägten. Die elterliche Familie mit neun Kindern, von denen drei im Säuglings- und Kindesalter verstarben, wohnte in einer kleinen dreiräumigen Wohnung von nicht einmal 50 Quadratmetern in der engen Heidelberger Altstadt. Hier wuchs Ebert in relativ gesicherten, wenn auch räumlich sehr beengten Verhältnissen auf. Der Lebenskreis war proletarisch geprägt, sein Elternhaus besaß schon fast kleinbürgerlichen Zuschnitt, da der Vater zu den Besserverdienenden seiner Zunft gehörte. Auch wenn Ebert in seiner Kindheit und Jugend akute Not wohl nicht direkt zu spüren bekam, so dürfte ihn das soziale Umfeld im Kleine-Leute-Viertel für gesellschaftliche Missstände sensibilisiert haben.

Von 1877 bis 1885 besuchte er die Volksschule mit durchschnittlichem Erfolg und begann danach eine Sattlerlehre. Anfang 1889 ging er auf Wanderschaft. Das war geplant und gehörte seinerzeit zu den Gewohnheiten eines Handwerksgesellen. Obwohl Friedrich Ebert bereits als Siebzehnjähriger seine Heimat für immer verließ, fühlte er sich Zeit seines Lebens zu Heidelberg hingezogen.

Sein politischer und sozialer Aufstieg war eng mit dem Aufschwung der sozialdemokratischen Partei im wilhelminischen Kaiserreich verknüpft. Die junge, noch kleine Partei der Arbeiter wollte Freiheit, Gleichheit und soziale Gerechtigkeit verwirklichen. Wenngleich Ebert schon im Elternhaus mit sozialdemokratischen Ideen in Berührung kam, so beeinflusste seine Hinwendung zur Sozialdemokratie ganz entscheidend Eberts Patenonkel Wilhelm Strötz, Sozialdemokrat in Mannheim.

»[...] dass ich ein Sohn des Arbeiterstandes bin, aufgewachsen in der Gedankenwelt des Sozialismus und dass ich weder meinen Ursprung noch meine Überzeugung jemals zu verleugnen gesonnen bin.«

Friedrich Ebert vor der Nationalversammlung nach seiner Wahl zum Reichspräsidenten am 11. Februar 1919

Zwangsläufig zog es den jungen Sattlergesellen am Beginn seiner zweieinhalbjährigen Wanderschaft zuerst in die benachbarte nordbadische Hochburg der sozialistischen Bewegung. Sein Weg führte ihn dann nach mehreren Stationen im süddeutschen Raum Richtung Norden, wo er in Hannover mit einem Aufenthalt von fast einem Jahr am längsten blieb. Seine Wanderung fiel in die Endphase des Sozialistengesetzes (1878–1890). Da Friedrich Ebert, der zu dieser Zeit Mitglied der Sattlergewerkschaft und der sozialdemokratischen Partei wurde, sich während aller Stationen seiner Wanderschaft am Aufbau gewerkschaftlicher Organisationen beteiligte und als Werber für die sozialistische Sache auftrat, bekam auch er die volle Wucht des letztlich fehlgeschlagenen Versuches von Reichskanzler Otto von Bismarck, die aufstrebende Arbeiterbewegung zu bändigen, zu spüren. Er erfuhr am eigenen Leib, wie die wilhelminische Gesellschaft die Sozialdemokraten als vaterlandslose Gesellen ausgrenzte. Gleichzeitig erlebte er die Kraft solidarischen Handelns, als er in Kassel gemeinsam mit seinen Kollegen über einen Streik Forderungen gegenüber dem Arbeitgeber durchsetzte. Nach kurzen Aufenthalten in Braunschweig, Wesel, Barmen und Quakenbrück kam er im Mai 1891 nach Bremen, eines der jüngeren Zentren der Arbeiterbewegung. Hier blieb er vierzehn Jahre.

Der Aufstieg vom Parteiarbeiter zum Parteifunktionär

In der Hansestadt vollzogen sich politisch wie privat entscheidende Weichenstellungen in Friedrich Eberts Leben. Als er 1891 als lediger Sattlergeselle in der Hansestadt ankam, war er ein einfacher fleißiger Parteisoldat mit begrenzter Erfahrung in der

Aus der Zeit bis zu seiner Heirat 1894 sind nur vier Fotos von Friedrich Ebert überliefert. Diese 1894 in einem Atelier aufgenommene Fotografie von ihm, sitzend rechts, mit zwei Freunden ist erst vor wenigen Jahren aufgetaucht.

Organisation der sozialistischen Arbeiterbewegung, ein junger Agitator, der die Feuertaufe als Redner hinter sich, bereits die Erfahrung von Streik gemacht und die Solidarität innerhalb der sozialistischen Bewegung erlebt hatte.

In seiner Bremer Zeit erwarb er sich das politische Rüstzeug eines Parteiarbeiters und verließ 1905 als ein überregional bekannter sozialdemokratischer Parteiführer die Hansestadt in Richtung Berlin, um fortan als Mitglied des zentralen Vorstandes der SPD die Geschicke der größten Partei Deutschlands mitzubestimmen. Hatte er zunächst ehrenhalber unter großem

Einsatz *für* die sozialistische Bewegung gelebt, so trat er 1900 in ihre Dienste und lebte bei allem weiteren auch ehrenamtlichen Engagement fortan *von* der Bewegung.

Bremen wurde auch privat eine entscheidende Wegmarke: Im Mai 1894 heiratete er die zwanzigjährige Fabrikarbeiterin Louise Rump. In ärmlichen Verhältnissen aufgewachsen, engagierte sie sich gewerkschaftlich. Sie fungierte zeitweise als zweite Vorsitzende eines kleinen, nur mehrere hundert Mitglieder umfassenden Holzarbeiterverbandes. Über die Ehe ist nur wenig bekannt. In seiner Frau fand Ebert Rückhalt; sie blieb

Der junge Familienvater um 1898: Friedrich Ebert mit seiner Ehefrau Louise und den Söhnen (v. l. n. r.): Friedrich (*1894), Georg (*1896) und Heinrich (*1897). Zwei Kinder, Karl (*1899) und Amalie (*1900), werden noch folgen.

stets im Hintergrund, wuchs in die durch den politischen Weg ihres Mannes bestimmten Rollen hinein und gewann an der Seite des Reichspräsidenten breite Anerkennung. Fünf Monate nach der Heirat kam das erste Kind, Friedrich, zur Welt: »Ein kleiner Umstürzler ist angelangt«, gaben die Eltern in einer Zeitungsanzeige kund und spielten damit darauf an, dass die Sozialdemokraten im wilhelminischen Kaiserreich als revolutionäre Gesellen galten. Es folgten noch drei weitere Söhne und eine Tochter: Georg, Heinrich, Karl und Amalie. Georg und Heinrich sollten im Ersten Weltkrieg fallen.

Friedrich Ebert verdankte seine steile Karriere in der sozialistischen Bewegung vor allem seinem unermüdlichen Engagement, seinem Redetalent und seiner Organisationsfähigkeit. Schnell stieg er zum »eifrigsten sozialdemokratischen Agitator« auf, wie in einem kaum ein halbes Jahr nach seiner Ankunft verfassten Bericht der Bremer Polizei festgestellt wurde. Er entwickelte sich zum sozialdemokratischen Multifunktionär. In den Bremer Jahren bekleidete er eine Vielzahl von Ämtern und Positionen in Partei und Gewerkschaften. Er war zunächst Vorsitzender des Sattlerverbandes und kurz darauf auch der Gewerkschaftszentrale. Ab 1894 amtierte er für zwei Jahre als Vorsitzender der örtlichen SPD, stand dem Bremer Wirteverein vor, führte ab 1897 das Landagitationskomitee und saß in zahlreichen weiteren Kommissionen. Diese Ämterfülle belegt Eberts schier rastlosen Einsatz und war zugleich Indiz für den Durchbruch der sozialdemokratischen Arbeiterbewegung zu einer Massenbewegung, die einen rasch wachsenden Bedarf an ehrenamtlichen Funktionären besaß. So traf beides zusammen: hier der nimmermüde Parteisoldat, dort die Bewegung, die sich immer stärker ausdifferenzierte und immer mehr Führungspersonal benötigte.

Beruflich fasste Ebert dagegen zunächst nur langsam Fuß. Versuche, sich als Sattler selbstständig zu machen, scheiterten. 1893 arbeitete er für einige Monate als Redakteur bei der »Bremer Bürger-Zeitung«, dem örtlichen sozialdemokratischen Presseorgan. 1894 pachtete er eine Gastwirtschaft. Das war zwar allgemein keine angesehene Tätigkeit, aber in der Sozialdemokratie wurde der Beruf des Gastwirts keineswegs abschätzig betrachtet. Denn Wirtshäuser besaßen für die Arbeiterbewegung um die Jahrhundertwende eine besondere Bedeutung als Ort des geselligen Beisammenseins und der politischen Agitation. Das Gasthaus war wichtiger Bestandteil der proletarischen Gegenkultur. Eberts Gastwirtschaft entwickelte sich zum politischen Treffpunkt der Bremer Arbeiterbewegung und zur Anlaufstelle für Rat suchende Arbeiter. Denn der Wirt, der sich im Selbststudium umfassende Kenntnisse in Sozialpolitik und Sozialrecht erworben hatte, gab den Arbeitern in rechtlichen Fragen, vor allem des Arbeitsrechts und des Sozialversicherungswesens, die ständigen Veränderungen unterlagen, unentgeltlich Auskunft. Geschah dies als Gastwirt zunächst noch ehrenamtlich, so tat er dies ab März 1900 als erster bestellter Arbeitersekretär in der Hansestadt hauptberuflich.

Das war Hilfe im Kleinen, wenig spektakulär, aber eben wichtig für den Einzelnen, der hier die Unterstützung eines versierten Fachmannes fand. So besaßen die Arbeitersekretariate eine hohe sozialpolitische Bedeutung. Andererseits stellte die Tätigkeit als Arbeitersekretär eine der wichtigsten Stufen auf den Karriereleitern innerhalb der Arbeiterbewegung dar. Wegen seiner umfassenden Kenntnisse in den unterschiedlichsten Rechtsbereichen genoss der »Volksjurist« in den eigenen Reihen hohes Ansehen.

Auch sein Beruf steigerte Eberts Bekanntheits- und Popularitätsgrad. Aus der Mitte der Arbeitersekretäre rekrutierte die SPD einen Großteil ihrer Parlamentarier in Reich, Ländern und Kommunen. Diese vertraten zudem als ausgewiesene Fachleute die SPD und die Gewerkschaften in den kommunalen Ausschüssen und Kommissionen. Das galt auch für Ebert, der von 1900 bis 1905 in der Bremer Bürgerschaft, dem Landesparlament, saß.

Die tagtägliche Konfrontation mit den Problemen des Proletariats als sozialpolitischer Berater der Arbeiterschaft prägte seinen Standort in den ideologischen Grabenkämpfen seiner Partei zwischen Reformisten, Revisionisten und Revolutionären. Ebert verabscheute theoretische Debatten und Kontroversen als wenig hilfreich für die praktische Arbeit. Ideologisch-programmatische Auseinandersetzungen besaßen für ihn nicht den Stellenwert, den sie auf den jährlichen Parteitagen hatten. Überzeugt von der Richtigkeit der gültigen theoretischen Grundlagen, wie sie im Erfurter Programm der SPD von 1891 niedergelegt waren, sah er die Hauptaufgabe der Sozialdemokratie in der praktischen Tagesarbeit.

»Wir streben die Beseitigung jeglicher Klassenherrschaft an und verlangen die volle politische Gleichberechtigung aller ohne Unterschied.«

Friedrich Ebert in einer Rede 1902

Der Pragmatiker wollte Demokratie und sozialen Fortschritt auf dem Weg der Reform verwirklichen. In der Bremer Bürgerschaft machte er jedoch die Erfahrung, dass dem schwerfälligen wilhelminischen System Erfolge nur in beharrlicher Kleinarbeit abgerungen werden konnten. Im Landesparlament präsentierte sich der SPD-Fraktionsvorsitzende als gewandter Redner, der vor allem soziale Probleme thematisierte und dabei auf seine fundierten Kenntnisse als Arbeitersekretär zurückgriff. Auch wenn der oft mühsame Einsatz in der Bürgerschaft kaum Früchte trug, hielt Ebert dennoch an der Mitarbeit in diesem Parlament fest. Denn hier bot sich die Tribüne, um für die eigenen Ziele zu werben und um über die Parteikreise hinaus auf soziale Missstände aufmerksam zu machen. Gerade die Erfolglosigkeit sozialdemokratischer Initiativen ließ das politische System als Klassenherrschaft erscheinen, wodurch wiederum das Klassenbewusstsein und die Solidarität in der sozialdemokratischen Gefolgschaft gestärkt wurden.

Sein überdurchschnittlicher Einsatz für die Bewegung hatte zur Folge, dass der Kopf der Bremer Sozialdemokratie zu einem auch über die Region hinaus bekannten Parteiführer wurde. Der Berliner Parteispitze fiel er zudem als gewandter Organisator des SPD-Parteitages 1904 in Bremen auf, der – im Gegensatz zu den vorhergehenden Parteitagen mit tief aufwühlenden Programmdebatten – in relativer Harmonie verlief. Dieser Parteitag war der Höhepunkt in Eberts parteipolitischer Karriere in Bremen. Ein Jahr später wurde er in den zentralen SPD-Vorstand gewählt.

Damit erfüllte sich sein Wunsch, die Hansestadt zu verlassen. Denn innerparteiliche Kontroversen um Theorie und Strategie lähmten immer stärker die Arbeit in der Sozialdemokratie vor Ort. Personelle Veränderungen schwächten seine auf Reformarbeit gerichtete Position innerhalb der Bremer SPD, in der radikale Kräfte die Oberhand zu gewinnen schienen. Diese innerparteiliche Gewichtsverschiebung verstärkte bei dem Reformisten Ebert den Wunsch nach Veränderung. Wenngleich zwischen den einzelnen Gruppierungen innerhalb der Partei weiterhin Übereinstimmung über die sozialdemokratischen Grundprinzipien herrschte, so fühlte er sich in der Hansestadt politisch nicht mehr wohl. Ihm war seine Tätigkeit, vor allem durch einen persönlich wenig freundschaftlichen Stil der Auseinandersetzungen, »gründlich verekelt« worden, wie er schrieb. Seine Hoffnung: »Am besten komme ich aus dem Dilemma, wenn ich mich veränderte.«

Das Problem löste sich wenige Monate nach der Niederschrift dieser Zeilen. Am 24. September 1905 wählten ihn die Delegierten des SPD-Parteitags in Jena auf die im Parteivorstand neu geschaffene Stelle eines hauptamtlichen Sekretärs. Er setzte sich bei dieser Abstimmung gegen den ein Jahr später ebenfalls in den SPD-Vorstand berufenen Hermann Müller, den aus Mannheim stammenden späteren Außenminister und Reichskanzler der Weimarer Republik, durch.

Der Hintergrund dieser Wahl war, dass die Berliner SPD-Zentrale einen Verwaltungsfachmann benötigte. Ebert hatte auf diesem Gebiet nachweislich Erfahrung, denn er hatte das Bremer Arbeitersekretariat aufgebaut und fünf Jahre lang erfolgreich geleitet. Zudem sollte der neue Mann sich ausschließlich der Arbeit im Parteibüro widmen können und nicht mit anderen Aufgaben wie der Wahrnehmung eines Reichstagsmandates belastet sein. Auch das traf auf Ebert zu. Ganz offensichtlich hatte er mit seiner gewandten Leitung des Bremer Parteitages sowohl bei der Parteispitze, als auch bei den Delegierten aus dem ganzen Reich einen bleibenden Eindruck als fähiger Organisator und Moderator hinterlassen.

So ging im Dezember 1905 mit Ebert eine mittlerweile auch über die Region hinaus bekannte Führungspersönlichkeit nach

Berlin, die mit den Erfahrungen eines in vielen Aufgabenbereichen bewanderten Multifunktionärs ausgestattet war. Er hatte die sozialdemokratische Arbeit von der Pike auf gelernt und hatte sich dank seines überdurchschnittlichen Einsatzes von einer ehrenamtlichen in eine vollamtliche Funktion hochgearbeitet. Er hatte auf diesem Weg aber auch erfahren müssen, dass Richtungsstreitigkeiten die Parteiarbeit blockierten und dass innerhalb der Sozialdemokratie die Neigung bestand, sich im programmatischen Gegeneinander zu zerfleischen. Politisch hatte ihn die Basisarbeit als Gastwirt, der oft um Rat gefragt worden war, und als Arbeitersekretär entscheidend geformt. Wer wie Ebert derart hautnah mit den Sorgen und Nöten der Arbeiter konfrontiert wurde, der wusste, wo dem Proletariat der Schuh drückte, der entwickelte Sinn für die Notwendigkeit sozialer Verbesserungen und auch Gespür für das politisch Machbare. Er stand daher für Verbesserungen ein, die der Arbeiterschaft im Hier und Heute zugute kamen, und hielt nichts davon, die Arbeiter auf eine utopische Heilsgesellschaft in ferner Zukunft zu vertrösten. Unter grundsätzlicher Anerkennung der programmatischen marxistischen Grundlagen und trotz der revolutionären Rhetorik der SPD war Friedrich Ebert im Grunde ein theoriefeindlicher Pragmatiker. Das sollte sich auch während der Jahre im Parteivorstand der SPD nicht ändern.

Der sozialdemokratische Parteiführer (1905–1918)

Organisator der Massenpartei

Mit Friedrich Ebert gelangte erstmals ein Vertreter der zweiten Generation von Arbeiterführern in die Parteizentrale. Er und der ein Jahr später in den Parteivorstand gewählte Hermann Müller waren die beiden jüngsten Mitglieder der SPD-Führungsetage in der Berliner Lindenstraße, wo sie an der Seite der Gründungsväter der Bewegung, der beiden Vorsitzenden August Bebel und Paul Singer, arbeiteten. Die Jahre Eberts im Parteivorstand waren geprägt von den Erfordernissen einer Massenpartei, die ein rasches Wachstum verzeichnete: von etwa 380000 Mitgliedern 1905/06 auf über eine Million 1914. In erster Linie sollte Ebert bei der Reorganisation der Parteistrukturen mitwirken und die Arbeit effektiver gestalten. Seine Tätigkeit war zunächst von organisatorischen und administrativen Aufgaben bestimmt. Das alltägliche Geschäft war bisweilen ermüdende Kleinarbeit, aber sie war für das Funktionieren der Partei unerlässlich. Ebert sorgte dafür, dass die in finanzielle Turbulenzen geratenen Organisationen und Parteizeitungen draußen im Lande Unterstützung erhielten, dass Werbematerial in Auftrag gegeben wurde und Agitationstouren oder reichsweite Protestversammlungen durchgeführt wurden. So manche Besetzung eines Redakteurspostens in einer der zahlreichen Parteizeitungen lief über die Zentrale in Berlin.

Innerhalb kurzer Zeit erwarb sich Ebert über die Parteigrenzen hinaus den Ruf eines Bürokraten, ein Begriff, der zumeist in abschätziger Weise verwandt wurde. So wurde damit keineswegs auf seine vielfältigen politischen Aufgaben abgehoben, mit denen er zunehmend betraut war. Ab 1907 fielen etwa die Beziehungen zu den sozialistischen Freien Gewerkschaften in seinen Bereich. Er wurde Verbindungsmann des Parteivorstandes zur Generalkommission der Gewerkschaften. Zudem leitete er die 1908 von SPD und Gewerkschaften begründete »Zentralstelle

Gruppenbild mit einer Dame und zwei Nachwuchskräften inmitten der Gründungsväter der sozialistischen Bewegung: der SPD-Vorstand auf dem Parteitag in Leipzig im September 1909; stehend (v. l.): Luise Zietz, Friedrich Ebert, Hermann Müller, Robert Wengels; vorn: Alwin Gerisch, Paul Singer, August Bebel, Wilhelm Pfannkuch, Hermann Molkenbuhr. Ebert und Müller als Vertreter der zweiten Generation der Arbeiterführer übernehmen in der Weimarer Republik als Reichspräsident und Reichskanzler staatspolitische Verantwortung.

für die arbeitende Jugend Deutschlands«. Als Vorhutorganisation fügte sich der Jugendverband in die sozialdemokratische Gegenkultur zur bürgerlichen Gesellschaft ein. Die Jugendorganisation war Teil jener verästelten Eigenwelt, die im Idealfall den Sozialdemokraten »von der Wiege bis zur Bahre« begleitete.

Auch wurde Ebert schon bald verstärkt in die programmatischen Kontroversen der von theoretischen Scharmützeln geschüttelten Massenpartei SPD einbezogen. Auf dem Parteitag 1908 in Nürnberg lieferte er anstelle des kränkelnden Vorsitzenden August Bebel das Schlusswort des Vorstandes zur heftig umstrittenen Budgetbewilligung. Im Süden Deutschlands hatten sozialdemokratische Landtagsfraktionen für die Annahme der Landeshaushalte gestimmt und damit gegen die offizielle Parteilinie – »diesem System keinen Mann und keinen Groschen« – verstoßen. Auf dem Nürnberger Parteitag erhob Ebert daher die Budgetbewilligung zu einer grundsätzlichen Frage der Parteiräson und forderte die Anerkennung der auf den Parteitagen gefassten Beschlüsse ein. Dabei postulierte er das geschlossene Auftreten der Partei als Maxime parteipolitischen Handelns.

> »Die Geschlossenheit der Partei ist die Vorbedingung für unseren Erfolg. Sie verlangt aber die Unterordnung der Minderheit unter die Mehrheit, sie verlangt die Respektierung der Parteitagsbeschlüsse von jedem einzelnen. Wenn das nicht mehr geschieht, dann [...] ist die Aktionskraft, die Schlagkraft der Partei gelähmt.«
>
> Friedrich Ebert auf dem SPD-Parteitag am 18. September 1908

In den ideologischen Auseinandersetzungen um die sozialistische Theorie oder um die Anwendung des Massenstreiks im politischen Kampf vertrat er stets die Haltung des Parteivorstandes. Dies geschah auf zahlreichen Landesparteitagen oder Sonderkonferenzen, wo er im Auftrag des Vorstandes sprach und zur Einhaltung der Parteitagsbeschlüsse mahnte. Der auf Ausgleich zwischen den auseinanderstrebenden Flügeln bedachte Vertreter der Parteimitte profilierte sich hier als Schlichter und Schiedsrichter in den programmatisch-ideologischen Kontroversen, die die SPD vor dem Ersten Weltkrieg bis an den Rand der Spaltung trieben. Eine seiner zentralen Aufgaben war die Entschärfung von Konflikten in den Landesorganisationen. Es konnte freilich nicht ausbleiben, dass seine Arbeit nicht überall in der von Richtungskämpfen erschütterten Partei auf Zustimmung stieß.

Auch waren seine Bemühungen nicht immer von Erfolg gekrönt, besonders wenn die Fronten derart verkrustet waren wie im Streit zwischen gemäßigten Reformisten und revolutionären Radikalen in der württembergischen Landesorganisation, der die Partei dort an den Rand der Spaltung brachte. Wenngleich Ebert sich stellvertretend für die Zentrale den Zorn beider Lager zuzog und in den Augen manch eines süddeutschen Reformisten als der eigentliche Scharfmacher im fernen Berliner Vorstand galt, so festigten sich in dieser Zeit zugleich einige dauerhafte Freundschaften mit süddeutschen Genossen, gerade aus dem Ebert doch nahe stehenden reformistischen Flügel. Zu ihnen gehörte Wilhelm Keil, den Ebert später in der Revolution 1918/19 gern als Mitglied des Rates der Volksbeauftragten an seiner Seite gehabt hätte. Keil aber entzog sich dem Ruf aus Berlin. Besonders enge Verbindungen entwickelten sich auch zwischen Ebert und Karl Hildenbrand, der als langjähriger Vorsitzender und Mitglied des Reichstages seit 1903 einer der führenden Köpfe in der württembergischen SPD war. Als Gesandter Württembergs in Berlin von 1918 bis 1924 stand er in engem Kontakt mit dem Reichspräsidenten und galt als einer der wenigen Vertrauten Eberts.

Wo lässt sich Ebert in dem breit gefächerten Spektrum der Vorkriegssozialdemokratie, das von radikal-revolutionären bis hin zu pragmatisch-reformistischen Gruppen reichte, einordnen? Er zählte zu den nüchternen Pragmatikern, die sich am Parteiprogramm orientierten, die nichts so sehr verabscheuten wie die weiter glimmenden Theoriediskussionen, die in seinen Augen von der eigentlich notwendigen Arbeit ablenkten und die Schlagkraft der Partei gefährdeten. Ebert ist dem sogenannten Zentrum der Partei zuzurechnen. Ihm war die Einheit der sozialdemokratischen Bewegung das höchste Gut, der Grundstock politischer Macht, um das System zu reformieren und letztlich zu überwinden. Schon in Bremen hatte er die bis ins Persönliche reichenden Kontroversen auf den jährlichen Parteitagen gegeißelt. Nach dem Parteitag in Dresden 1903, als die Debatte um die Revisionisten, die das revolutionäre Programm in ein reformistisches umwandeln wollten, erneut aufgeflammt war, missbilligte er scharf diese kräftezehrenden Dispute: »Wenn wir in Zukunft schmutzige Wäsche zu waschen haben, so gehen wir damit besser in die Waschküche, aber nicht in die Öffentlichkeit.« Intern konnten die Meinungen aufeinanderprallen, nach außen hin aber war Eintracht zu zeigen. Das machte er sich zur Richtschnur.

Ebert entwickelte sich in den Jahren vor dem Ersten Weltkrieg zu einem der wichtigsten Funktionäre im Parteivorstand, gewandt in parteitaktischen Fragen und in der Verwaltung.

Ihn zeichneten Energie, Effizienz und Erfahrung als Redner, Organisator und Agitator aus. Der in Bremen keineswegs unumstrittene Parteifunktionär war als Sekretär im Parteivorstand zu einer Führungspersönlichkeit der deutschen Sozialdemokratie aufgestiegen, zum eigentlichen ›Macher‹ in der Zentrale. Im Vergleich zu den Vorstandskollegen besaß er zweifellos die größte Erfahrung in der praktischen Parteiarbeit. Ebert war Sendbote des Vorstandes zu den Landesorganisationen, trat dort als Hüter der Parteitagsbeschlüsse und Schlichter in Kontroversen auf, organisierte den internen Bürobetrieb und koordinierte reichsweite Aktionen der Partei wie Wahlkämpfe oder Wahlrechtsdemonstrationen. Dies alles erklärt, warum er auf dem Parteitag 1911 zum Nachfolger des verstorbenen Parteivorsitzenden Paul Singer vorgeschlagen wurde. Obwohl Ebert ausdrücklich auf eine Kandidatur verzichtet hatte, erhielt er 102 Stimmen. Der von der Parteiführung favorisierte Hugo Haase wurde mit 283 Stimmen gewählt. Mit seinem Verzicht auf eine Kandidatur hatte sich Ebert dem Wunsch der Parteispitze gefügt und so drohende Richtungskämpfe, die vor den Reichstagswahlen im Januar 1912 der Partei nur geschadet hätten, abgewendet. Es galt, Geschlossenheit und Einigkeit der Partei zu demonstrieren. Ein weiterer Grund, warum er das zum Greifen nahe Amt ausgeschlagen hatte, dürfte wohl auch die Tatsache gewesen sein, dass ihm das Reichstagsmandat noch fehlte. Das sollte er wenige Monate später erringen.

Dreimal – 1898, 1903 und 1906 – waren Kandidaturen für den Reichstag gescheitert. 1912 klappte es schließlich im Wahlkreis Elberfeld-Barmen (heute Wuppertal). Zwar verpasste Ebert im ersten Wahlgang die erforderliche absolute Mehrheit denkbar knapp, setzte sich aber in der darauffolgenden Stichwahl gegen den bisherigen freikonservativen Mandatsträger durch. Mit 110 von 397 Abgeordneten stellte die SPD 1912 die stärkste Fraktion im Reichstag. Hier sprach Ebert vor dem Ersten Weltkrieg nur wenig, auch nicht zu den großen Streitfragen der Zeit. Seine politische Karriere machte er eben nicht wie sein Parteivorstandskollege Philipp Scheidemann über den Reichstag, sondern über die Parteiorganisation.

Es war Ausdruck der allgemeinen Anerkennung von Eberts Arbeit in der SPD-Zentrale, dass er nach dem Tod Bebels dem »Arbeiterkaiser« in dessen Amt folgen sollte. Ebert wurde am 20. September 1913 auf dem Parteitag in Jena mit 433 von 473 Stimmen zum Parteivorsitzenden neben Hugo Haase gewählt. Dies war die Auszeichnung für eine bereits mehr als zwanzig Jahre währende intensive Parteiarbeit. Ebert hatte sich das Vertrauen der Mitglieder und der Mehrzahl der Funktionäre erworben, wenngleich er dieses aufgrund seiner politischen Haltung bei den Linken nicht genoss.

Ein neuer Bebel konnte und wollte Ebert nicht sein. Die Massenpartei SPD brauchte jetzt keinen charismatischen Vorsitzenden, sondern einen Pragmatiker und Organisator und insgesamt eine kollektive Führung. Und hierfür war Ebert neben Hugo Haase genau der Richtige. Mit dem Badener stand ein Mann aus der Mitte an der Spitze der Partei, der sein Handeln am politisch Machbaren ausrichtete, sich nicht auf Visionäres einlassen wollte und auch nicht vom »Kladderadatsch«, dem abrupten Zusammenbruch des Systems, träumte, sondern vom Glauben an Veränderungen durch Fortschritt geprägt war. Damit repräsentierte der neue Vorsitzende die Mehrheit seiner Partei, deren äußeres Erscheinungsbild allerdings weiterhin wesentlich von den Radikalen und ihren revolutionären Parolen geprägt wurde. Die

Sozialdemokratie war am Vorabend des Ersten Weltkrieges trotz verbalradikaler Gebärden eben keine revolutionäre, sondern eine reformistische Partei, die im Glauben an die Macht des Stimmzettels dem System Besserungen abringen und politische Demokratie und soziale Reform auf legalem Wege realisieren wollte. Friedrich Ebert war groß geworden in einer legal operierenden Partei, die unaufhaltsam von Wahlsieg zu Wahlsieg geeilt war. Das hatte den Glauben an die Möglichkeit eines allmählichen Wandels geprägt. Als Parteifunktionär und SPD-Vorsitzender ging es ihm darum, die Schlagkraft der Sozialdemokratie zu erhöhen, um so dem kaiserlichen Klassenstaat Reformen abzuringen. Doch stand seine Zeit an der Spitze der Partei im Schatten des Ersten Weltkrieges, der ein Jahr später die Welt – und so auch die deutsche Sozialdemokratie – bis ins Mark erschüttern sollte.

Parteivorsitzender im Ersten Weltkrieg

Als am 4. August 1914 nach Ausbruch des Ersten Weltkrieges die sozialdemokratische Fraktion im Reichstag den Kriegskrediten zustimmte, überraschte dies die Öffentlichkeit, widersprach die SPD doch damit ihrem eigenen ehernen Grundsatz, dem System »keinen Groschen« zu gewähren. Mit der Kreditbewilligung reihte sich die Partei, die doch stets dem wilhelminischen System den Kampf angesagt hatte, in die nationale Front ein und besiegelte den Burgfrieden, mit dem sie auf ihre bisherige fundamentale Opposition gegen den Staat verzichtete. Ebert war von Anfang an ein entschiedener Vertreter der »Burgfriedenspolitik«.

Die internationale Krise nach dem Attentat auf den österreichischen Thronfolger in Sarajewo hatte die Sozialdemokratie überrascht. Am 28. Juli 1914 brach Ebert angesichts heraufziehender Kriegswolken seinen Urlaub auf der Insel Rügen ab. Zurück in Berlin beschloss die Parteiführung, Ebert gemeinsam mit dem Kassierer der Partei, Otto Braun, in die Schweiz zu schicken, um die Parteigelder in Sicherheit zu bringen und im Falle von befürchteten staatlichen Repressionen die Partei von außen zu organisieren. Doch die Reichsführung unternahm nichts gegen die Sozialdemokratie. Ebert kehrte schon am 4. August zurück, rechtzeitig zur Abstimmung im Reichstag über die Kredite.

> »Um 2 Uhr Nachmittags in Berlin. Ich gehe gleich in den Reichstag. Scheidemann informiert mich schnell über die tags zuvor stattgefundene Fraktionssitzung. Es soll sehr stürmisch hergegangen sein, stürmischer als je. Schließlich hat sich die Fraktion gegen 14 Stimmen [...] für die Kreditgewährung erklärt. Ich habe Scheidemann erklärt, dass ich mit der Mehrheit gestimmt hätte.«
>
> Friedrich Ebert in seinem Tagebuch am 4. August 1914

Für Ebert und die meisten Sozialdemokraten stand in den Tagen des Kriegsbeginns fest, dass das zaristische Russland, für die SPD seit jeher Sinnbild der Reaktion und Unterdrückung, Hauptaggressor war und dass Deutschland sich in einer Verteidigungsposition befand. Das war subjektiv ehrlich gemeint, aber objektiv nicht zutreffend, denn das Kaiserreich besaß ein hohes Maß an Schuld am Kriegsausbruch. Geschickt aber hatte die Reichsleitung den Zaren als eigentlichen Kriegstreiber hingestellt. Die Furcht vor einer Herrschaft des despotischen Zarismus bestärkte bei Ebert und der Mehrheit der Sozialdemokratie das Gefühl, die nationale Unabhängigkeit verteidigen zu müssen. Dabei glaubte er sich im Einklang mit dem seit jeher gültigen sozialdemokratischen Bekenntnis zur Landesverteidigung. Das war das zentrale Motiv für die Zustimmung zu den Kriegskrediten am 4. August. Zu dieser Position gesellte sich später noch die Hoffnung, dass die Reichsleitung die Politik des Stillhaltens mit der von der SPD lang ersehnten Parlamentarisierung des Reiches und der Demokratisierung der Gesellschaft honorieren würde.

Die Zustimmung zu den Krediten war aber kein Pfand, das die SPD gegen substantielle Reformen einlösen wollte. Noch im Frühjahr 1916 unterstrich Ebert im Reichstag, dass die Sozialdemokratie keine Gegengabe für ihre Haltung zur Landesverteidigung einfordere. Diese dürfe nicht »Objekt eines politischen Schachergeschäftes« sein. Mit der Zeit aber mahnte er vor allem eine Abschaffung des preußischen Dreiklassenwahlrechts an, das die Arbeiter krass benachteiligte. Gegen dieses Wahlrecht war die Sozialdemokratie nach der Jahrhundertwende vergeblich Sturm gelaufen und hatte gewaltige Demonstrationen organisiert. Von Beginn des Krieges an nannte Ebert die »staatsbürgerliche Gleichberechtigung aller auf allen Gebieten« als Ziel. Trotzdem machten er und die sozialdemokratische Mehrheit das Bekenntnis zur Landesverteidigung nicht vom Verhalten der Regierung und irgendwelchen politischen Zugeständnissen abhängig. Die Landesverteidigung war und blieb der Wert an sich. Mit der Entscheidung vom 4. August vollzog sich eine teilweise Integration der Sozialdemokratie in den Staat; die Zustimmung zur Kriegsfinanzierung signalisierte die Identifikation der Partei mit dem Schicksal des Reiches. Diese »Burgfriedenspolitik« wurde aber nicht von allen in der SPD getragen.

Allgemein erwartete die Partei wie auch die große Mehrheit der Deutschen ›nur‹ einen kurzen und siegreichen Waffengang. Die Parteiführung hoffte, die Streitpunkte bis zum baldigen Kriegsende zurückstellen zu können. Doch der Balanceakt, sich zwischen den Befürwortern und Gegnern einer Kreditbewilligung irgendwie durchzulavieren, konnte auf Dauer nicht durchgehalten werden, da sich die Erwartung eines raschen Sieges bald als illusorisch erwies. Der Krieg erstarrte in einem menschenfressenden Grabenkampf. Je länger er dauerte, um so lauter artikulierten die einzelnen Gruppen ihre Positionen.

Die »Burgfriedenspolitik« führte die Partei schließlich in eine Krise, der sie nicht mehr gewachsen war. Bis zuletzt versuchte Ebert, die Einheit der Partei, das »Bebelsche Vermächtnis«, wie er es nannte, zu erhalten. Die Einheit war die Richtschnur. Das galt ganz besonders in Krisenzeiten wie im Ersten Weltkrieg, wo er dies geradezu zum politischen Imperativ erklärte. Die Wirkung der Appelle an die demonstrative Einigkeit der Partei blieb unter den Belastungen des Krieges und angesichts der Schwere der Entscheidung jedoch nur zeitlich begrenzt.

Der parteiinterne Burgfriede zerbrach bereits bei der zweiten Kreditbewilligung im Dezember 1914, als Karl Liebknecht vom äußersten linken Parteiflügel im Reichstag gegen die Kriegskredite stimmte. Ebert hielt um der Parteieinheit willen lange dem Druck des rechten Flügels stand, der die Burgfriedensgegner als lästigen Ballast schon frühzeitig aus der Partei drängen wollte. Andererseits verteidigte er stets das festgeschriebene Prinzip, trotz divergierender Meinungen in der Partei nach außen hin geschlossen aufzutreten. Das Votum der Fraktion im Reichstag hatte einstimmig zu erfolgen; diejenigen aber, die die Mehrheitsentscheidung nicht mittragen wollten, durften der Abstimmung ohne großes Aufsehen fernbleiben. Auf diesen Modus verständigte sich die Fraktion im Februar 1915. Die Minderheit hatte sich der Mehrheit unterzuordnen, sonst drohte, so Ebert im November 1915, »das organisatorische Gefüge« aufgelöst zu werden. Es sollte so kommen.

Im Dezember 1915 stimmten schließlich zwanzig Oppositionelle im Reichstag gegen die Kredite. Ihr öffentliches Auftreten stellte für Ebert einen unentschuldbaren Bruch der Parteidisziplin dar. Auch er sah nun jegliche Gemeinsamkeit aufgekündigt. Sein Mitvorsitzender Hugo Haase, der zur oppositionellen Minderheit gehörte, trat als Fraktionsvorsitzender zurück; an seine Stelle wurde Ebert in die dreiköpfige Fraktionsführung gewählt.

Die Gräben zwischen den Kontrahenten rissen in der Folgezeit noch weiter auf. Die stetig wachsende innerparteiliche Opposition bildete schließlich eine eigene Fraktion und rief 1917 mit der Unabhängigen Sozialdemokratischen Partei Deutschlands (USPD) eine neue, von Haase geführte Partei ins Leben. Die Sozialdemokratie war damit auf Dauer auseinander gebrochen. Sie zehrte ihre Kräfte in einem »Bruderkampf« auf, wie Ebert im April 1917 die kommenden scharfen Auseinandersetzungen zwischen den beiden sozialdemokratischen Parteien treffend charakterisierte. Diese bekam er unmittelbar zu spüren, denn die Parteiorganisation seines Wahlkreises Elberfeld-Barmen sympathisierte hinsichtlich der Kriegskredite mit der Opposition und schloss sich schließlich der USPD an.

Die Partei befand sich während des Ersten Weltkrieges in ihrer schwersten Krise seit den Gründertagen. Ebert sah sich Belastungen ausgesetzt, die keiner seiner Vorgänger auf der Zinne der Partei seit dem Ende des Sozialistengesetzes 1890 auch nur annähernd in dieser Dimension und über einen so langen Zeit-

Trügerisches Familienidyll im September 1916 beim Kurzurlaub des zum Kriegsdienst eingezogenen Sohnes Heinrich; v. l. n. r.: Friedrich Ebert, Amalie, Heinrich, seine Frau Louise, Friedrich jun., Karl. Der auf dem Foto fehlende zweitälteste Sohn Georg fällt im Mai 1917 an der französischen Front; sein Leichnam wird nie gefunden.

raum hatte erfahren müssen. Dazu kam noch die persönliche Sorge um die zum Kriegsdienst eingezogenen Söhne Friedrich, Georg und Heinrich. Der älteste Sohn Friedrich wurde im Juli 1916 schwer verwundet und nach einer längeren Genesungsphase Anfang 1917 wieder ins Feld abgestellt. Heinrich fiel im Februar 1917, keine drei Monate später auch Georg.

Es ist davon auszugehen, dass diese persönlichen Schicksalsschläge nicht ohne Einfluss auf die Politik Eberts waren, auch wenn direkte Dokumente fehlen. Nachzuvollziehen ist hingegen die hohe psychische und physische Arbeitsbelastung

> »Heute Morgen erhielten wir ein Telegramm. Ich beachtete es gar nicht und legte es fort. Da stand meine Mutter auf. Plötzlich hörte ich einen Schrei; sie hat das Telegramm geöffnet. Unser guter Heinrich ist gestorben. Ich kann es nicht glauben.«
>
> Friedrich Eberts Tochter Amalie im Tagebuch am 15. Februar 1917 über die Nachricht vom Tod ihres Bruders

des Politikers während der Kriegszeit. Eine Konferenz jagte die andere, zahllose Besprechungen in Parteifragen, aber auch mit Regierungsstellen sorgten für höchste Beanspruchung, die bei Ebert und seinen Kollegen bis zum körperlichen oder seelischen Zusammenbruch führten. In welcher Weise allerdings diese Strapazen und die beiden Schicksalsschläge Eberts politisches Handeln prägten, ist nicht zu ergründen.

Anfang Juli 1917 jedenfalls beklagte ein ungeduldiger Ebert im Hauptausschuss, dem wichtigsten parlamentarischen Gremium zwischen den Sitzungen des Reichstages, die Untätigkeit der Regierung in der Frage der Demokratisierung.

> »Wozu die großen Opfer, wenn die Regierung nicht gewillt ist, uns das Notwendigste, Unentbehrlichste, Selbstverständlichste: die politische Gleichberechtigung, zu gewähren, die Fesseln der politischen Ungleichheit, das Dreiklassenwahlsystem, zu beseitigen.«
>
> Friedrich Ebert im Reichstag am 3. Juli 1917

Die preußische Wahlrechtsreform war für ihn nun endgültig zur Kardinalfrage der Innenpolitik geworden. Mitte 1917 war seiner Ansicht nach die Zeit hierfür reif. Ein Vertrösten auf die Zeit nach dem Krieg wollte er nicht mehr hinnehmen: »Mit bloßen Versprechen ist nichts getan.« Bereits im April 1916 hatte er prophezeit, dass sich die aus den Schützengräben heimkehrende Generation ihr »politisches Leben nicht wieder in die Drahtverhaue des Dreiklassensystems« hineinzwängen lassen werde. Aber nichts geschah. Im März 1918 klagte Ebert mit Recht: »Es ist alles anders gemacht worden von der Regierung, als abgemacht worden ist. Die Regierung hat uns düpiert!« Die Reichsleitung erstarrte in Agonie, doch bahnte sich eine Zusammenarbeit der SPD mit den bürgerlichen Mittelparteien an.

Im Juli 1917 wurde der »Interfraktionelle Ausschuss« aus SPD, katholischer Zentrumspartei und linksliberaler Fortschrittspartei ins Leben gerufen. Die bis dahin ausgegrenzte SPD war zum Partner der bürgerlichen Parteien aufgestiegen. Die SPD hatte ihre politische Isolation durchbrochen; gesellschaftliche Schranken waren gefallen. Die neue parlamentarische Reformmehrheit entsprach dem Modell der späteren Weimarer Koalition. Ihre erste sichtbare Aktion war die am 19. Juli 1917 vom Reichstag verabschiedete Friedensresolution, die mit der Formel nach einem »Frieden der Verständigung« weitgehend dem sozialdemokratischen Vokabular entsprach und sich gegen den von konservativen Kreisen geforderten »Siegfrieden« stellte, der durch territorialen Zuwachs und durch wirtschaftliche Hegemonie Deutschland endgültig als Weltmacht etablieren sollte. Eine Wirkung besaß die Entschließung des Reichstages allerdings nicht. Auch wenn die Kooperation mit den bürgerlichen Parteien zunächst kaum Erfolge vorweisen konnte, stand

Ebert zu dieser ersten institutionalisierten Verbindung der Sozialdemokratie mit den bürgerlichen Kräften auf Reichsebene, die für ihn ein wichtiges Durchgangsstadium auf dem Weg der SPD zur Regierungspartei darstellte.

Eberts Drängen auf politischen Fortschritt erfüllte sich erst, als der Krieg verloren war und das Kaiserreich Reformen schließlich zugestehen musste. Trotz der sich abzeichnenden militärischen Niederlage führte er Anfang Oktober 1918 gegen Widerstände innerhalb der eigenen Reihen seine Partei in die erste parlamentarisch gestützte Regierung unter dem neuen Reichskanzler Prinz Max von Baden. Es sei die »verdammte Pflicht und Schuldigkeit« der Sozialdemokratie, sich in die »Bresche zu werfen«, um den ersehnten Frieden herbeizuführen, eine Revolution zu vermeiden und die Monarchie nach der Abdankung des Kaisers zu demokratisieren.

Daran hielt Ebert auch fest, als die militärische Führung am 2. Oktober 1918 die bis dahin für kaum möglich gehaltene Kriegsniederlage eingestand. Auch Ebert schien geradezu gebrochen und konnte kaum die Tränen verbergen, als er seiner Fraktion, unmittelbar nachdem die Militärs den Parteivertretern reinen Wein eingeschenkt hatten, über den Stand der Dinge berichtete. Angesichts der neuen Lage mehrten sich die Stimmen gegen eine Beteiligung an der Regierung. Otto Wels beschwor seinen Parteifreund Ebert: »Bist Du von Gott verlassen, lass doch zum Teufel den Frieden diejenigen schließen, die den Krieg geführt und Verantwortung getragen und den Waffenstillstand gefordert haben.« »Von Gott verlassen« war Ebert jedoch keineswegs; er sah mit nüchternem Blick die Notwendigkeit, in die »Bresche« zu springen, um das Kapitel Krieg zu einem einigermaßen erträglichen Abschluss zu bringen und auch um die Chance zur Teilhabe an der Regierung zu nutzen. Er demonstrierte Entschlusskraft und konnte schließlich die Fraktion hinter sich bringen.

So saßen auch Vertreter der SPD in der ersten parlamentarischen Regierung unter Reichskanzler Max von Baden. Ebert war nicht darunter; er hielt die Partei bei der Stange. In den Ende Oktober 1918 verabschiedeten Verfassungsreformen, durch die das Gewicht des Reichstages gegenüber der Regierung gestärkt und mit denen letztendlich die konstitutionelle Monarchie in eine parlamentarische übergeleitet wurde, erblickte er einen ersten entscheidenden Schritt in Richtung Demokratie, die er auf evolutionärem Weg unter Vermeidung revolutionärer Erschütterungen erreichen wollte. Zunächst wollte er auch die Monarchie noch erhalten, wenn diese sich über weitere Reformen zu einer vollen Demokratie mit einem lediglich repräsentative Funktionen ausübenden Kaiser als Staatsoberhaupt entwickeln würde. Auf friedlichem Wege sollte der wilhelminische Semiparlamentarismus in den vollendeten Parlamentarismus verwandelt werden. Das konnte auch unter monarchischem Signum erfolgen. Doch die starrköpfige Haltung der Reichsleitung führte auch bei Ebert zu der Erkenntnis von der Unmöglichkeit der Reformierung des Reiches unter monarchischen Vorzeichen.

Ohnehin waren die Verfassungsreformen zu spät gekommen. Die von den Häfen an Nord- und Ostsee ausgehende revolutionäre Welle, getragen von den kriegsmüden Massen, spülte Eberts Hoffnung auf einen allmählichen Übergang fort. In den entscheidenden Tagen im Herbst 1918 offenbarte Ebert seine Identifikation mit dem Schicksal des Reiches, die sich mit einem über die eigene Partei hinausreichenden Verantwortungsethos paarte. Das waren die beiden zentralen Elemente, die seine Politik nach dem Umsturz vom 9. November 1918 prägen sollten.

Volksbeauftragter in der Revolution (1918/19)

Revolutionär wider Willen

Als Reichskanzler Max von Baden in den Mittagsstunden des 9. November 1918 Friedrich Ebert die Reichskanzlerschaft übergab, trug er dem Umstand Rechnung, dass der sozialdemokratische Parteivorsitzende in diesen Tagen eine Schlüsselfigur in dem durch den totalen Kriegseinsatz und die Revolution geschwächten Reich war. Von dem jähen Zusammenbruch des Kaiserreiches überrascht, sprang Ebert in die Bresche. Mit der Parlamentarisierung des Reiches, der Abdankung des gänzlich diskreditierten Kaisers und der Übernahme der Regierung waren zentrale Ziele der SPD erreicht worden. Ganz in diesem Sinne formulierte Ebert, kurz nachdem er Kanzler geworden war: »Deutschland hat seine Revolution vollendet.« Die Weichen waren gestellt. Wie es verfassungsrechtlich weitergehen sollte, ließ er noch offen. Hatte er sich bis zum 9. November noch mit einer »Monarchie mit sozialem Einschlag unter parlamentarischem System« einverstanden erklärt – allerdings ohne Wilhelm II. als Regenten –, so wurde er von der weiteren Entwicklung überrollt.

Die sich rasch über das ganze Reich ausbreitende Revolution verlangte ein weithin sichtbares Signal des Systemwechsels: den vollständigen Thronverzicht der Hohenzollern und der deutschen Bundesfürsten. Ihre Kronen mussten fallen. Philipp Scheidemann, neben Ebert seit 1917 Parteivorsitzender, erkannte dies viel klarer als sein Kollege an der Spitze der SPD. Gegen 14 Uhr proklamierte er vom Reichstag die deutsche Republik. Damit – so Max von Baden – führte Scheidemann den »letzten Stoß gegen die Monarchie«. Das brachte Scheidemann jedoch sogleich Kritik von Ebert ein, der in der Ausrufung der Republik einen Vorgriff auf die schnellstens zu berufende Verfassungsversammlung erblickte.

> »Du hast kein Recht, die Republik auszurufen. Was aus Deutschland wird, ob Republik oder was sonst, das entscheidet eine Konstituante.«
>
> Friedrich Ebert gegenüber Philipp Scheidemann
> am 9. November 1918

Auch wenn Friedrich Ebert offiziell nur einen Tag als Reichskanzler amtierte, sollte er in der Folgezeit bis zum Zusammentritt der Nationalversammlung im Februar 1919 die Politik prägen. Ebert und die Mehrheitssozialdemokratie hatten die Revolution nicht gewollt, stellten sich aber sofort an die Spitze der Bewegung, um ein Abgleiten in Chaos und Anarchie zu verhindern. Am 9. November galt es schnell zu handeln und das staatsrechtliche Provisorium zu füllen. Mit sicherem Machtinstinkt ergriff Ebert die Initiative, hielt die Leiter der Reichsbehörden an, im Amt zu bleiben, und lud die USPD zur Bildung einer gemeinsamen Regierung ein. Ursprünglich wollte Ebert eine breite Regierung unter Einschluss der bürgerlichen Mittelparteien installieren, doch war dies nicht mehr zu verwirklichen, nachdem Scheidemann bei der Ausrufung der Republik zugleich verkündet hatte, dass der neuen, von Ebert geführten

Die Volksbeauftragten Ebert (Mitte), ihm gegenüber Scheidemann und rechts neben ihm Haase bei den Beisetzungsfeiern für die Opfer der Revolution am 20. November 1918. In ihren Gesichtern ist die Anspannung der Kriegszeit und v. a. der letzten Wochen im Zeichen von Kriegsende und Revolution abzulesen.

Regierung nur die sozialistischen Parteien angehören würden. So geschah es dann auch. Tags darauf bildete sich der »Rat der Volksbeauftragten« aus je drei Vertretern von SPD und USPD. Die bürgerlichen Ressortchefs fungierten weiter als Amtsleiter. Ihnen wurden als Kontrolleure Vertreter der beiden sozialdemokratischen Parteien beigeordnet. Am Abend des 10. November wurde die Revolutionsregierung durch eine Versammlung der Arbeiter- und Soldatenräte bestätigt.

Die Parität im Revolutionskabinett, von seinem Mitglied Scheidemann später einmal als »sechsköpfiger Reichskanzler«

charakterisiert, war eine zahlenmäßige, nicht eine des politischen Gewichts. Denn Ebert, für die höchst wichtigen Aufgabenbereiche Innenpolitik und Militärwesen zuständig, war *primus inter pares* – Erster unter Gleichen: Er leitete die Kabinettssitzungen und wurde weithin, vor allem von der Ministerialbürokratie, als »Reichskanzler« angesehen.

Friedrich Eberts Politik als Volksbeauftragter war auf der einen Seite bestimmt vom Erbe des Kaiserreiches und den Folgelasten des verlorenen Krieges, auf der anderen von seinem urdemokratischen Selbstverständnis, das Richtschnur blieb: »Die Demokratisierung ist für Reich und Volk eine Lebensnotwendigkeit«, hatte er am 2. November 1918 geschrieben. So standen zwei wesentliche Aufgaben an. Zum einen ging es darum, die unmittelbare Not zu überwinden und den drohenden wirtschaftlichen Kollaps abzuwenden; zum anderen musste der Weg in die Demokratie geebnet werden. Beseelt von dem Glauben an die Kraft der Reform und geprägt von demokratischer Grundüberzeugung, lehnte er ein vor allem von den Unabhängigen anvisiertes längerfristiges diktatorisches Revolutionsregime ab. Von Zeitgenossen wurde auch seine landsmannschaftliche Herkunft als Ursache für seine Politik des behutsamen Übergangs gesehen. So schrieb ein Parteigenosse später über Ebert: »Badener von Geburt, [...] lag ihm der demokratische Gedanke im Blute. Die Revolution war ihm zuwider.« Ob diese antirevolutionäre Grundhaltung ein grundlegender Wesenszug des gemeinen Badeners ist, mag dahingestellt sein. In der Tat war Ebert ein Revolutionär wider Willen. Demokratie sollte auf dem Weg der allmählichen Wandlung erreicht werden. Der Reformpolitiker Ebert repräsentierte in diesem Sinne die große Mehrheit der Sozialdemokraten. Die SPD verstand sich zwar von jeher als eine revolutionäre, aber nicht als eine revolutionsmachende Partei. Ihr Programm klang zwar radikal-revolutionär, aber im Grunde war sie eine reformistische Partei. Einen Leitfaden zur Umformung des Reiches hatten die Sozialdemokraten jedenfalls nicht parat. Obwohl Ebert am 9. November die politische Macht gewissermaßen ohne Zutun in die Hände gefallen war, wollte er dennoch die demokratischen Spielregeln einhalten und einen breiten Konsens herstellen.

Zudem agierte die Revolutionsregierung nicht im luftleeren Raum, sondern am Ende eines Weltkrieges mit seinen vielfältigen Folgen und ungeheuren Belastungen und im Angesicht unnachgiebiger Sieger. Sie konnte nicht am Reißbrett generalstabsmäßig und vor allen Dingen nicht in Ruhe den neuen Staat entwerfen. Der mehr als vierjährige Krieg mit einer alle gesellschaftlichen Bereiche umfassenden Mobilisierung hatte das Sozialgefüge deformiert und die Klassengegensätze vertieft. Deutschland war ausgezehrt und die Bevölkerung demoralisiert. Für eine dauerhafte Stabilisierung mussten die im Krieg gewachsenen Klassenspannungen abgebaut und die zerrissene Gesellschaft im Innern befriedet werden. Die hoch entwickelte Industriegesellschaft Deutschland, durch die Oktoberreformen aus dem Zustand des Semiparlamentarismus herausgetreten und verfassungspolitisch bereits weitgehend demokratisiert, sollte sukzessive zum festen demokratischen Verfassungsstaat umgeformt werden. Dabei stand die Revolutionsregierung vor einer der komplexesten Problemlagen deutscher Geschichte in neuerer Zeit – mit den Worten Eberts »vor Schwierigkeiten, wie sie in der Weltgeschichte noch kein wirtschaftliches hochentwickeltes Land vor sich gesehen hat«. Akute Probleme verlangten Entscheidungen in kürzester Zeit.

Konkursverwalter des Kaiserreiches und Treuhänder der Macht

»[...] die provisorische Regierung hat eine sehr üble Erbschaft angetreten. Wir waren im eigentlichsten Wortsinne die Konkursverwalter des alten Regimes: Alle Scheuern, alle Läger waren leer, alle Vorräte gingen zur Neige, der Kredit war erschüttert, die Moral tief gesunken. Wir haben [...] unsere beste Kraft eingesetzt, die Gefahren und das Elend der Übergangszeit zu bekämpfen. Wir haben der Nationalversammlung nicht vorgegriffen. Aber wo Zeit und Not drängten, haben wir die dringlichsten Forderungen der Arbeiter zu erfüllen uns bemüht.« Mit diesen Worten umriss Friedrich Ebert bei der Eröffnung der Nationalversammlung am 6. Februar 1919 die vielschichtigen Problemlagen nach dem 9. November 1918. Die Regierung verstand er dabei immer als Konkursverwalter des alten Regimes und als Treuhänder der Macht – aber nicht nur einer Klasse, sondern der ganzen Nation: »So lange aber unser Volk nicht in freier Wahl seine Regierung selbst bestimmen kann, so lange bleibt jede Regierung ein Provisorium.« So definierte Ebert am 8. Dezember das Selbstverständnis der Revolutionsregierung, die den reibungslosen Übergang in den demokratischen Verfassungsstaat zu garantieren hatte. Und dazu brauchte sie breite Unterstützung.

Bereits in einem Aufruf am 9. November appellierte Friedrich Ebert an Behörden und Beamte, sich in den Dienst der Regierung zu stellen, um die unmittelbarsten Aufgaben zu bewältigen – und die hießen: »Waffenstillstand zu schließen und Friedensverhandlungen zu führen, die Volksernährung zu sichern, den Volksgenossen in Waffen raschesten geordneten Weg zu ihrer Familie und zu lohnendem Erwerb« zu ermöglichen. Damit waren in einem Satz die zentralen Bereiche benannt, denen als unmittelbare Folgen aus dem Krieg seine besondere Aufmerksamkeit galt.

Ganz vorn auf der Liste stand die Sicherung der Ernährung. Ein Grund, warum die Massen im November 1918 auf die Straße gegangen waren, war die höchst prekäre Ernährungslage. Neben »Frieden und Freiheit« stand nach zwei Hungerwintern und mit Aussicht auf einen dritten mit weiteren zahlreichen Opfern auch »Brot« auf den Fahnen der Unzufriedenen. Und Brot hatte nun der Rat der Volksbeauftragten bereitzustellen. Die Anerkennung der Revolutionsregierung hing wesentlich von ihren Erfolgen auf dem Feld der Versorgung ab. Wie ein roter Faden zieht sich daher die Sorge um die Lebensmittel- und Energieversorgung durch Eberts Reden in diesen Wochen.

Die Ausgangsbedingungen waren denkbar schlecht: Die Alliierten hielten die Seeblockade aufrecht und hinderten die deutsche Fischereiflotte am Auslaufen. Deutschland war auf ein Entgegenkommen der Siegermächte angewiesen, denn nur durch Lebensmitteleinfuhren war die Ernährung zu sichern. Zur Jahreswende 1918/19 malte Ebert die Zukunft in äußerst düsteren Farben, als er den unmittelbaren Zusammenbruch der Versorgung vorhersagte.

Die Sicherung der Ernährung war eng verbunden mit der Energieversorgung. »Stört nicht die Kohlenwirtschaft«, mahnten Ebert und Haase in einer ihrer ersten Proklamationen am 11. November. Denn falls es nicht gelingen sollte, die Kohlenerzeugung mindestens einigermaßen aufrechtzuerhalten (wenn schon nicht zu steigern, was notwendig war), so würde sich dies negativ auf die Nahrungsmittelproduktion auswirken.

Ein weiteres Erschwernis bedeutete die Umstellung der Kriegsproduktion auf Friedenswirtschaft. Davon betroffen waren immerhin drei Millionen Rüstungsarbeiter. Annähernd 95 Prozent der gesamten Industrie waren auf die Befriedigung von Kriegsbedürfnissen eingestellt, notierte Ebert am 21. November 1918 sorgenvoll in sein Tagebuch; diese musste nun schlagartig für den zivilen Markt produzieren. Keine Granaten, sondern Kochtöpfe wurden nun gebraucht. Und über acht Millionen vom Kriegsschauplatz zurückkehrende Soldaten mussten außerdem mit Arbeit versorgt werden, waren einzugliedern in eine Industrie, die sich grundlegend wandelte. Das alles potenzierte die Schwierigkeiten.

Die angespannte Situation mit nach rascher Lösung drängenden Problemen war wesentlich verantwortlich für die Zurückhaltung der Revolutionsregierung in der Frage der Sozialisierung der Großindustrien, also die Überführung in Eigentum des Volkes, etwas, das von jeher ganz oben auf dem wirtschaftlichen Forderungskatalog der SPD gestanden hatte. Auf der Länderkonferenz benannte Ebert die objektiven, aus der Situation resultierenden Hemmnisse, die einer Vergesellschaftung der Produktionsmittel entgegenstanden: »[...] jetzt, wo die Produktivkräfte fast völlig erschöpft sind, ist es ungemein schwer, ja fast unmöglich, diese Absicht in die Tat umzusetzen. Deshalb gilt es zunächst, unseren Arbeitern und den von der Front zurückströmenden Soldaten Arbeit und Lebensmöglichkeit zu schaffen.« Außerdem war die Sozialisierung ein Feld, für das er einen breiten Konsens über das sozialdemokratische Lager hinaus herstellen wollte. Ebert betrachtete eine Entscheidung über die Eigentumsordnung als Aufgabe des künftigen Parlaments. Am Regierungstisch deutete er dies Mitte November 1918 an: »Wir wollen nur solche Betriebe vergesellschaften, die dazu reif sind. Das soll eine Kommission von Sachverständigen beurteilen, zu der auch bürgerliche Mitglieder zugezogen werden, was wohl beruhigend wirken dürfte. Einzelexperimente, die störend wirken würden, wollen wir vermeiden.« Sollte man die von einem reibungslosen Funktionieren der Kohlenversorgung abhängige Ernährungslage zusätzlich durch Eingriffe in die Eigentumsstruktur des (augenscheinlich) für eine Vergesellschaftung reifen Kohlenbergbaus gefährden? »Keine Experimente« lautete seine Parole. Ebert glaubte sich in einer Situation, in der man nur die Wahl hatte zwischen Notstandspakt oder Strukturreform. Beides war seiner Einschätzung nach in diesen Tagen nicht zu haben: Brot (und Kohle) brauchte man jetzt, Strukturreformen konnten aufgeschoben werden. Sie mussten damit ja nicht auf ewig vertagt sein. Sie waren es aber.

In dieser wirtschaftlichen Krisensituation konnte das Reich nichts weniger gebrauchen als Streiks oder Arbeitskämpfe. So verbuchte Ebert es als eine wichtige Unterstützung und Weichenstellung, dass Gewerkschaften und Unternehmerverbände am 15. November 1918 das so genannte »Stinnes-Legien-Abkommen« abschlossen – benannt nach den Verhandlungsführern, dem Großindustriellen Hugo Stinnes und dem Gewerkschaftsvorsitzenden Carl Legien. Mit dem Zentralarbeitsgemeinschaftsabkommen, in dem sich die Arbeitgeber verpflichteten, die Gewerkschaften als Tarifpartner anzuerkennen, wurden die traditionellen Gegensätze zwischen Arbeitnehmern und Arbeitgebern entschärft – für eine gewisse Zeit zumindest.

Der von Ebert immer wieder erwähnte Problemstau am Ende des verlorenen Krieges ließ aus seiner Sicht keinen Spielraum für massive personelle Eingriffe in die bestehenden Verwaltungsstrukturen. Gerade die akuten Handlungszwänge machten es in seinen Augen zwingend erforderlich, sich auf das Expertenwissen von erfahrenen Fachleuten zu stützen. Angesichts der kritischen innenpolitischen Situation und der außenpolitischen Zwangslagen glaubte Ebert auf die alten noch intakten zivilen und militärischen Apparate aus der Vorrevolutionszeit zurückgreifen zu müssen. So verständigte sich Ebert noch am 10. November 1918 telefonisch mit General Wilhelm Groener, Erster Generalquartiermeister der Obersten Heeresleitung (OHL), auf eine Zusammenarbeit. Groener, der entscheidende Mann in der OHL neben deren Chef Paul von Hindenburg, sicherte der neuen Regierung die Unterstützung der Militärzentrale zu. Im Gegenzug erwartete sie das Festhalten an den Befehlsverhältnissen. Ebert, dem die Bereitschaft der OHL zur Zusammenarbeit in diesem Moment höchst willkommen war, machte keine politischen Zugeständnisse. Ein konspirativer »Pakt« mit den alten militärischen Gewalten war dies nicht. Die Übereinkunft zwischen militärischer und politischer Führung entsprach schlicht politischer Zweckmäßigkeit und war ein entscheidender Akt zur Stabilisierung der soeben erst übernommenen Regierungsverantwortung. Die schnelle Rückführung der noch weit in Feindesland stehenden Truppen, die nach den Bedingungen des Abkommens über den Waffenstillstand vom 11. November innerhalb von 15 Tagen zu erfolgen hatte, erforderte nach Eberts Ansicht eine eingespielte militärische Organisation.

Über den Württemberger Groener hinaus kam Ebert in den Revolutionswochen noch in engeren Kontakt zu weiteren süddeutschen Offizieren. Ende 1918 ernannte die Revolutionsregierung den württembergischen Oberst Walther Reinhardt zum neuen Preußischen Kriegsminister. Der unter den militärischen Führern als der loyalste Diener der Demokratie geltende Reinhardt, später Chef der Heeresleitung, erwies sich als gute Wahl, denn beim Kapp-Lüttwitz-Putsch im März 1920 stellte er sich als einer der wenigen militärischen Entscheidungsträger uneingeschränkt hinter die rechtmäßige Regierung.

Wie auf militärischem Gebiet unternahm der Rat der Volksbeauftragten auch auf anderen Feldern keine nachdrücklichen Versuche zu einem personellen Neubeginn. Die Möglichkeit, besonders belastete Kräfte in den jeweiligen Kernbereichen in einer Art von symbolischem Akt auszutauschen und damit einen Neuanfang zu signalisieren, wurde nicht gesehen. Bei diesem Verzicht auf eine personelle Erneuerung spielte neben einem auf das Funktionieren des Staates ausgerichteten Denken die Sorge um die Konsolidierung der wirtschaftlichen und sozialen Lage eine entscheidende Rolle: »Ein Versagen der Organisation [...] würde Deutschland der Anarchie und dem schrecklichen Elend ausliefern«, hatte der neue Reichskanzler bereits am 9. November gemahnt.

»Wir mussten, nachdem wir die politische Macht in die Hand genommen hatten, dafür Sorge tragen, dass die Reichsmaschine nicht zusammenbricht [...], wir mussten Sorge tragen, dass diese Maschine weiterläuft, um unsere Ernährung und Wirtschaft aufrechterhalten zu können. [...] Und das war kein leichtes Stück Arbeit. Wir haben unter Aufgebot aller Kräfte Tag und Nacht gearbeitet, um schließlich nicht den Zusammenbruch und den Niedergang in einigen wenigen Tagen vor Augen zu sehen [...]. Das konnten wir sechs Mann allein nicht machen; dazu brauchten wir die erfahrene Mitarbeit der Fachleute.«

Friedrich Ebert auf der Länderkonferenz
am 25. November 1918

Daher griffen die sozialdemokratischen Machthaber nicht in das personalpolitische Gefüge der obersten Behörden ein, sondern hielten die kaiserlichen Beamten ganz im Gegenteil dazu an, sich nun in den Dienst der neuen Regierung und damit der Demokratie zu stellen.

Wegbereiter der Demokratie

Trotz der aus den Problemlagen resultierenden Konzentration auf die Funktionstüchtigkeit der Verwaltung gelang es der Revolutionsregierung, bahnbrechende Reformen auf den Weg zu bringen. Am 12. November setzten die Volksbeauftragten in einer Proklamation mehrere ursozialdemokratische Forderungen um. Dieses verfassungsrechtliche Dokument – als »Magna Charta der Revolution« in die Geschichte eingegangen – sicherte Grundrechte wie das Vereins- und Versammlungsrecht und die Meinungs- und Religionsfreiheit. Neben den gesetzesändernden Bestimmungen wie der Aufhebung des die Freiheitsrechte einschränkenden Belagerungszustandes, der Amnestie für politische Straftaten und der Inkraftsetzung der bei Kriegsbeginn aufgehobenen Arbeiterschutzbestimmungen wurden weitere sozialpolitische Maßnahmen in die Wege geleitet. Dazu zählte die gesetzliche Einführung des achtstündigen Maximalarbeitstages, womit zum 1. Januar 1919 die zentrale sozialpolitische Forderung der Arbeiterbewegung aus der Vorkriegszeit umgesetzt wurde. Mit dem Wahlrecht für Frauen schuf die Revolutionsregierung den Grundstein für die politische Gleichberechtigung von Mann und Frau; das war nichts weniger als ein historischer Meilenstein. Fortan galt das gleiche, geheime und direkte Wahlrecht für alle Personen über zwanzig Jahren. Gleichzeitig wurde das Verhältniswahlrecht anstelle des Mehrheitswahlrechtes eingeführt, das im Kaiserreich die SPD so krass benachteiligt hatte.

Mit diesem eindrucksvollen Reformpaket wurde der Weg in die Demokratie geebnet, die so schnell wie möglich handlungsfähig werden sollte. Eberts unmittelbares Ziel war die Nationalversammlung. Er erhob es »zur heiligsten Pflicht«, baldmöglichst eine staatsrechtliche Grundlage für die neue Republik zu schaffen und eine Nationalversammlung einzuberufen: »Ich bin überzeugt: Für Deutschland ist die gesetzgebende Versammlung eine Lebensnotwendigkeit.« Mit vollem Recht konnte er Ende November im Revolutionskabinett darauf verweisen, dass die überwiegende Mehrheit des Volkes diese »Konstituante« verlange. Während die von ihm geführte SPD diese so schnell wie möglich realisieren wollte, hegte die USPD starke Vorbehalte gegen einen frühen Wahltermin. Sie wollte zunächst umfangreiche Reformen umsetzen und dann erst das Volk entscheiden lassen. Im unerschütterlichen Glauben an die Macht des Stimmzettels wollte Ebert aber die Nationalversammlung die grundlegenden verfassungs- und gesellschaftspolitischen Entscheidungen treffen lassen.

Als Repräsentant der Sozialdemokratie, die im Kaiserreich gesellschaftlich ausgegrenzt worden war, wollte er keine neue Klassenherrschaft errichten. »Alle Macht den Räten«, die Herrschaft einer bestimmten Klasse, wie es von einer Minderheit revolutionärer Kräfte um den radikalen Spartakusbund gefordert wurde, war mit seiner demokratischen Grundüberzeugung nicht zu vereinbaren. Anders als in dem durch die Revolution hinweggefegten Kaiserreich, sollte die neue Republik allen Bevölkerungsteilen die Möglichkeit zur Mitgestaltung geben. Das war Eberts ureigenstes Verständnis von Demokratie. Es ging ihm um die Gleichberechtigung aller Menschen, für ihn »der große ideale Gedanke der Demokratie«, wie er es einleitend auf dem Ersten Allgemeinen Kongress der Arbeiter- und Soldatenräte Deutschlands formulierte.

> »Auf die Dauer kann es in Deutschland nur eine Rechtsquelle geben: das ist der Wille des ganzen deutschen Volkes. Das war der Sinn der Revolution. [...] Das siegreiche Proletariat richtet keine Klassenherrschaft auf. Es überwindet zunächst politisch, dann wirtschaftlich die alte Klassenherrschaft und stellt die Gleichheit alles dessen her, was Menschenantlitz trägt. Das ist der große ideale Gedanke der Demokratie.«
>
> Friedrich Ebert auf dem Reichsrätekongress
> am 16. Dezember 1918

Die Bestimmung des Termins der Wahlen zur Nationalversammlung war Sache des Kongresses, der vom 16. bis 21. Dezember 1918 in Berlin tagte. Hier zeigte es sich, dass eine sozialistische Räterepublik oder gar Rätediktatur gar nicht auf der Tagesordnung stand. Denn die überwiegende Mehrheit der in den Novembertagen gebildeten Arbeiter- und Soldatenräte verstand sich als ausführendes Organ der Revolutionsregierung und stützte die auf parlamentarische Demokratie und baldige Wahl der Nationalversammlung ausgerichtete Politik der Mehrheitssozialdemokraten. Die Delegierten beschlossen mit überwältigender Mehrheit von etwa 400 gegen 50 Stimmen ganz im Sinne Eberts, am 19. Januar 1919 Wahlen zur Nationalversammlung abzuhalten. Dem von den Radikalen eingebrachten Antrag, am

Rätesystem als Grundlage der künftigen Verfassung Deutschlands festzuhalten, erteilte der Kongress mit 344 gegen 98 Stimmen eine glatte Absage. Damit schien den ersten allgemeinen demokratischen Wahlen nichts mehr im Wege zu stehen.

Doch die innenpolitische Lage verschärfte sich. Die Auseinandersetzungen verlagerten sich auf die Straße, als die USPD Ende Dezember 1918 aus dem Rat der Volksbeauftragten austrat. Sie protestierte damit gegen den von Ebert angeordneten militärischen Einsatz gegen die meuternde Volksmarinedivision, die den Berliner Stadtkommandanten Otto Wels (SPD) festgehalten und sich geweigert hatte, Schloss und Marstall zu räumen. Für die Volksbeauftragten der USPD war der Einsatz des Militärs der äußere Anlass, aus der Regierung auszuscheiden. Der tiefere Grund lag in den wachsenden Differenzen zwischen der SPD und der immer stärker unter Druck der Linksradikalen geratenen USPD. Die Meinungsverschiedenheiten betrafen vor allem die Militärpolitik.

Der Austritt der USPD aus der Regierung, der nachfolgend nur noch Vertreter der SPD angehörten, führte direkt zu den Januar-Unruhen. In den weithin als »Spartakus-Aufstand« bekannten Kämpfen versuchte die radikale Linke, mit der zum Jahreswechsel 1918/19 gegründeten KPD unter der Führung Karl Liebknechts, die »Regierung Ebert-Scheidemann« zu stürzen.

In diesem Moment übernahm der neue Volksbeauftragte Gustav Noske (SPD) den Oberbefehl über die Truppen. Es stellte sich in diesem sich immer mehr zuspitzenden Konflikt als Versäumnis heraus, dass nach dem politischen Umbruch kein der Demokratie treues Heer aufgebaut worden war. Ein militärpolitisches Reformprogramm, wie es von den Arbeiter- und Soldatenräten auf dem Reichskongress verabschiedet worden war, nahm die

Revolutionsregierung nicht in Angriff. Zwar hatte Ebert zuvor die Bildung einer freiwilligen Volkswehr auf demokratischer Grundlage angeregt. Doch nach der Verabschiedung des Volkswehrgesetzes am 6. Dezember 1918 verfolgte die mit dessen Umsetzung betraute Oberste Heeresleitung das Projekt nicht weiter. Die Ereignisse überrollten schließlich die Planungen.

Die sozialdemokratische Revolutionsregierung griff in höchster Bedrängnis auf das alte Militär zurück und zementierte damit die Rolle der OHL als Ordnungsfaktor. In den Kämpfen setzte die militärische Führung vor allem rechtsstehende Freikorps ein, die zumeist aus entwurzelten Soldaten, die mehrheitlich die Demokratie ablehnten, bestanden. Die Freikorps, zum Schutz der Ostgrenzen gegen polnische Übergriffe eilends aufgestellt, schlugen den Aufstand innerhalb weniger Tage nieder. Auch wenn das rücksichtslose Vorgehen der Regierungstruppen gegen die Putschisten auf berechtigte Kritik stieß, so war die Notwenigkeit unbestreitbar, mit militärischen Mitteln gegen die Aufständischen vorzugehen, wollte man die Tür zur Republik offen halten. Die Radikalen wollten den Weg zu freien Wahlen und damit in die parlamentarische Demokratie zerstören – all das, wofür Ebert ein Leben lang gekämpft hatte.

Der Januar-Aufstand, seine Niederwerfung durch rechte Freikorps und die brutale Ermordung der beiden kommunistischen Führer Rosa Luxemburg und Karl Liebknecht zwei Tage nach den Kämpfen durch Mitglieder der Garde-Schützen-Kavallerie-Division vertieften die Kluft innerhalb der Arbeiterbewegung. Diese Ereignisse und die Nichterfüllung traditioneller sozialdemokratischer Reformen trugen im Weiteren wesentlich zu einer Radikalisierung der Arbeiterschaft bei. So wurde das Reich im Frühjahr 1919 von Streiks und bürgerkriegsähnlichen

Unruhen heimgesucht. Diese zweite Welle der Revolution verlief ungleich blutiger als die erste nach dem 9. November 1918. Auch hier machte Gustav Noske, gestützt von Ebert, Politik mit eiserner Faust.

Trotz der nachhaltigen Ereignisse in den Revolutionsmonaten musste es Friedrich Ebert mit Genugtuung erfüllen, als er am 6. Februar 1919 in Weimar, wohin die Regierung angesichts der Unruhen in der Reichshauptstadt die Nationalversammlung verlegt hatte, das erste aus wirklich freien, geheimen und allgemeinen Wahlen hervorgegangene Parlament in der deutschen Geschichte eröffnete – nicht einmal 90 Tage nach dem Zusammenbruch und der Übernahme des Reichskanzleramtes.

> »Das deutsche Volk ist frei, bleibt frei und regiert in aller Zukunft sich selbst.«
>
> Friedrich Ebert zur Eröffnung der Nationalversammlung am 6. Februar 1919

Wenn er im Februar 1919 Soll und Haben addierte, so dürfte er die Waage deutlich auf der Habenseite geneigt gesehen haben. Ein dauerhafter Bürgerkrieg war abgewendet, der drohende Einmarsch der Alliierten vermieden worden. Die Rückführung des Heeres und die Demobilisierung gelangen ebenso wie die Wiedereingliederung der heimkehrenden Soldaten in den Produktionsprozess. Die Versorgung der Bevölkerung konnte im Rahmen der begrenzten Möglichkeiten aufrechterhalten werden. Die Staatsmaschinerie funktionierte, die Reichseinheit blieb trotz immer wieder aufflammender separatistischer Strömungen erhalten.

Dass kein Versuch einer Demokratisierung von Verwaltung, Wirtschaft und Militär unternommen wurde, gehört zu den Basiskompromissen, die in den Augen vieler Zeitgenossen und nach Ansicht einiger Historiker über das unbedingt notwendige Maß hinausgingen. Ebert und die Mehrheit der Sozialdemokratie hätten Chancen zu einer tiefgreifenden und als notwendig erachteten Neuordnung nicht genutzt. Ob damit versäumt wurde, die neue Republik auf solidere Fundamente zu stellen, macht den Kern der historischen Kontroverse aus. Dabei wirft die Kritik Ebert vor, das Demokratisierungspotential in den Arbeiter- und Soldatenräten nicht für erforderlich erachtete Strukturreformen und personelle Neuerungen genutzt zu haben. In der Tat begriff Ebert die Arbeiter- und Soldatenräte nicht als Machtfaktor im politischen Kräftespiel. Im Gegenteil: Er erlebte sie als hinderlich bei der Bewältigung der Aufgaben und beklagte ihr »Herum- und Hineinregieren«. Die Arbeiter- und Soldatenräte akzeptierte er nur als vorübergehend notwendige Hilfsorgane einer Übergangszeit, die sich auflösen sollten, sobald sich in Reich und Ländern demokratische Regierungen etabliert hatten.

Der kritische Blick auf das, was nicht geschaffen wurde, hat den Blick auf das, was in den wenigen Wochen nach dem Umbruch vom 9. November 1918 erreicht und – nicht minder entscheidend – was verhindert wurde, manchmal verstellt. Es gab nicht nur (vermeintlich) verpasste Chancen, sondern auch verhinderte Katastrophen. Es war Verdienst und Leistung Friedrich Eberts und der Revolutionsregierung, dass angesichts der Ausgangslage und Rahmenbedingungen, angesichts einer Überlast von Problemen überhaupt schon nach so kurzer Zeit eine parlamentarische Demokratie aus der Taufe gehoben werden konnte. Die dauerhafte Parlamentarisierung und Liberalisierung war und blieb das Hauptziel Eberts – und der SPD. Sie bemühten sich, einen breiten gesellschaftlichen Konsens für die Demokratisierungspolitik zu erzielen, der auch die reformwilligen bürgerlichen Kräfte einbezog.

Bei der Beurteilung der Politik Eberts und der Revolutionsregierung muss auch stets der immense Zeitdruck, unter dem sie standen, in Rechnung gestellt werden. Zudem sahen sich die Entscheidungsträger einer enormen physischen und psychischen Belastung ausgesetzt. Sie agierten in einem politischen Hexenkessel, wo man ein »Fell wie ein Rhinozeros«, so Scheidemann, haben musste. Gewiss – Ebert war dickhäutig. Aber auch er musste in diesen Tagen um Leib und Leben fürchten. Die revolutionäre Linke mobilisierte ihre Anhänger in immer stärkerem Maße; ihr Verbalradikalismus drohte jeden Moment in Aktion umzuschlagen. Das dürfte ihn nicht gänzlich unbeeinflusst gelassen haben. So sah Ebert den Weg in die Demokratie gefährdet. Dabei überschätzte er zweifelsohne die von den Linksradikalen ausgehende »bolschewistische« Gefahr. Doch auch Minderheiten konnten die Macht an sich reißen. Ebert stand die Entwicklung in Russland als warnendes Beispiel vor Augen. Dort hatte die zahlenmäßig unterlegene Bolschewiki die Mehrheit ausgeschaltet, wodurch es zu einem Bürgerkrieg mit katastrophalen Folgen – Hungersnot, Massensterben und Wirtschaftschaos – kam, der das Land zerfleischte. Das sollte Deutschland erspart bleiben.

Ebert hatte während der Revolutionszeit sein grundlegendes Ziel erreicht: die parlamentarische Demokratie. Alles andere empfand er als undemokratisch, weil nicht durch ein Votum des Wählers abgesichert. Der Vorwurf, bestimmte Reformen nicht in Angriff genommen zu haben, traf den überzeugten Demokraten nicht, der all diese Reformen, die als notwendig für eine dauerhafte Demokratie angesehen werden, als eine Aufgabe des künftigen Parlaments betrachtete. Man mag die Politik Eberts als richtig oder falsch bezeichnen – undemokratisch oder gar ein Verrat an den Grundsätzen seiner Partei war sie nicht. Wer beseelt war von dem Glauben, dass die Republik nur dann überleben konnte, wenn der Klassenkompromiss von sozialdemokratischer Arbeiterbewegung und reformbereitem Bürgertum hielt, und wer weiterhin den Wählerwillen als Richtmaß politischen Handelns nahm, der konnte keinen grundlegend anderen Kurs einschlagen, als ihn Ebert in diesen drei Monaten steuerte. Eine demokratische Alternative zur Politik Eberts und der Mehrheitssozialdemokratie gab es nicht.

Der Grundstein für eine politische Neuordnung war gelegt. Die parlamentarische Demokratie auszubauen und abzusichern, war Aufgabe der verfassunggebenden Nationalversammlung. Das Volk, der höchste Souverän im demokratisch verfassten Staat, hatte am 19. Januar 1919 gesprochen. Das erste demokratische deutsche Parlament hatte nun über den weiteren Werdegang zu entscheiden. Das war grundlegendes Prinzip, dem sich Ebert – auch über die Revolutionszeit hinaus – verpflichtet fühlte.

Staatsoberhaupt in der Republik (1919–1925)

Beauftragter des ganzen deutschen Volkes

Friedrich Eberts Politik während der Revolution war auf Ausgleich ausgerichtet: zwischen sozialdemokratischer Arbeiterbewegung und demokratischem Bürgertum, zwischen Neuordnung und Bewahrung und nicht zuletzt zwischen Reich und Ländern.

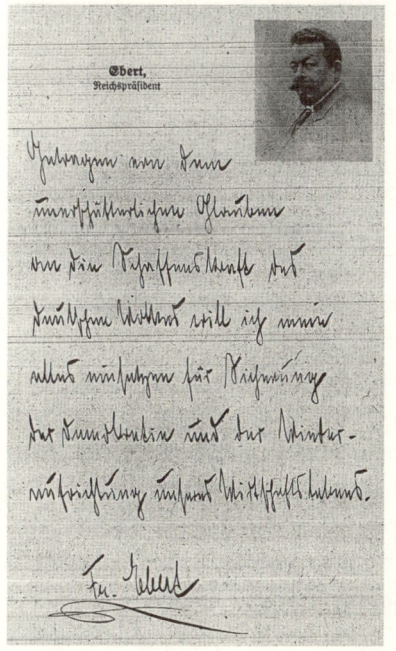

»Getragen von dem unerschütterlichen Glauben an die Schaffenskraft des deutschen Volkes will ich mein alles einsetzen für Sicherung der Demokratie und der Wiederaufrichtung unseres Wirtschaftslebens.«
Friedrich Ebert 1919

Diesem Ziel fühlte er sich auch als Reichspräsident stets verpflichtet. Bereits vor den Wahlen zur Nationalversammlung hatte Ebert das höchste Staatsamt fest im Visier. Mit »napoleonischem Ehrgeiz« – so der Zentrumsführer Matthias Erzberger während der Regierungsverhandlungen – strebte der SPD-Vorsitzende an die Spitze des Staates. Ebert erblickte im Amt des Staatsoberhaupts ein aktives und mitgestaltendes Amt mit hohem Integrationspotential. Bei den Beratungen über den Verfassungsentwurf im Rat der Volksbeauftragten meldete er zwar Bedenken gegen die Vollmachten des künftigen, vom Volk zu wählenden Reichspräsidenten an. Dessen Rechte gingen ihm zu weit. Doch erklärte er sich schließlich mit dem Amt und den damit verbundenen Kompetenzen einverstanden. Als nüchtern kalkulierender Machtpolitiker schien es ihm unzweifelhaft, dass zu einer »geschlossenen und kraftvollen Führung der Reichsgeschäfte« auch »gewisse Machtbefugnisse« gehören mussten, wie er im Revolutionskabinett Mitte Januar 1919 herausstrich.

Ebert wollte das Reichspräsidentenamt zudem aktiv dazu nutzen, um das Bündnis von sozialdemokratischer Arbeiterbewegung und demokratischem Bürgertum zu schmieden und die im Kaiserreich bestehende gesellschaftliche Kluft zwischen »Reichstreuen« auf der einen und den sozialdemokratischen »vaterlandslosen Gesellen« auf der anderen Seite zu überwinden. So setzte er in den Verhandlungen um die Bildung der ersten republikanischen Regierung auf die sogenannte Weimarer Koalition aus SPD, katholischer Zentrumspartei und linksliberaler Deutscher Demokratischer Partei (DDP). Eine Koalition mit der USPD kam für ihn nach den bitteren Erfahrungen der Revolutionswochen nicht in Frage. Ohnehin besaßen die beiden sozialdemokratischen Parteien keine Mehrheit. Demgegenüber verfügte die Regierungskoalition aus SPD und den beiden republikanischen

21. August 1919: Friedrich Ebert (Pfeil) auf dem Balkon des Nationaltheaters in Weimar, nachdem er auf die Reichsverfassung vereidigt worden ist. Die Nationalversammlung hat am 31. Juli mit 262 gegen 75 Stimmen die neue Verfassung verabschiedet. Eberts Rede an die Abgeordneten nach dem feierlichen Akt endet mit dem Leitspruch, den er als »neuen Lebensgrundsatz des deutschen Volkes« bezeichnet: »Für Freiheit, Recht und soziale Wohlfahrt!«

bürgerlichen Parteien, wie sie dann unter dem SPD-Mitvorsitzenden Philipp Scheidemann geschaffen wurde, über eine satte Dreiviertelmehrheit. Mit einer solch breiten Allianz, flankiert von einem sozialdemokratischen Reichspräsidenten, war eigentlich eine machtvolle republikanische Staatsführung geschaffen worden. Aber die Koalition hielt nur ein paar Monate; sie zerbrach bereits im Juni 1919 am Friedensvertrag. Das Bündnis wurde zwar noch einmal im Oktober 1919 erneuert, ohne insgesamt jedoch so fest zu sein, wie es sich Ebert erhofft hatte.

Das alles deutete sich bereits bei seiner Wahl zum Reichspräsidenten an. Mit 277 von 379 Stimmen wählte die in Weimar tagende Nationalversammlung am 11. Februar 1919 Friedrich Ebert zum ersten demokratischen Staatsoberhaupt in der deutschen Geschichte. Das Wahlergebnis fiel schlechter als erwartet aus, besaß doch die künftige Weimarer Koalition, für die Ebert in den Regierungsverhandlungen die Weichen gestellt hatte, über 50 Mandate mehr, als für das neue Staatsoberhaupt Stimmen abgegeben wurden. Ungeachtet dessen: Dass mit Ebert einer jener im Kaiserreich als Reichsfeinde ausgegrenzten Sozialdemokraten das höchste Staatsamt der neuen Republik bekleidete, machte den verfassungspolitischen Neubeginn weithin sichtbar.

Nach seiner Wahl versprach Ebert: »Ich will und werde als der Beauftragte des ganzen deutschen Volkes handeln, nicht als Vormann einer einzigen Partei.« Dieses Bekenntnis zur Überparteilichkeit war das Leitmotiv in den sechs Jahren an der Spitze der Republik. Weiter verpflichtete er sich: »Die Freiheit aller Deutschen zu schützen mit dem äußersten Aufgebot von Kraft und Hingabe, dessen ich fähig bin, das ist der Schwur, den ich in dieser Stunde in die Hände der Nationalversammlung lege.« So zeigte er sich festen Willens, die Befugnisse des

Amtes konsequent anzuwenden. Bereits im Gesetz über die vorläufige Reichsgewalt vom 10. Februar 1919, der Übergangsverfassung, zeichneten sich die Konturen der Machtfülle des Reichspräsidenten ab, wie sie dann in der Ende Juli 1919 von der Nationalversammlung verabschiedeten Reichsverfassung niedergelegt wurden. Die darin vorgesehene Volkswahl des Reichspräsidenten auf sieben Jahre wertete das Amt gegenüber den anderen Verfassungsinstitutionen auf. Doch erhielt Ebert nie die plebiszitären Weihen. Obwohl er stets auf Durchführung der Volkswahl drängte, zögerte die Reichsregierung. Schließlich verlängerte der Reichstag am 24. Oktober 1922 über eine Verfassungsänderung Eberts Amtszeit bis zum 30. Juni 1925. Auch wenn er nicht über eine direkte Wahl des Volkes an die Spitze des Staates gelangt war und dies zu diffamierenden Attacken wie der Bezeichnung »Friedrich der Vorläufige« führte, fühlte sich Ebert mit Recht als ein vollwertiger Reichspräsident.

Die Weimarer Verfassung schuf ein Staatsoberhaupt mit großer Machtfülle: Er besaß das Recht zur Ernennung des Reichskanzlers, konnte den Reichstag auflösen und in Übereinstimmung mit der Regierung Notverordnungen ohne Zustimmung des Parlaments erlassen. Zudem war er völkerrechtlicher Vertreter des Reiches und militärischer Oberbefehlshaber. Insgesamt verfügte er im Verhältnis zu Regierung und Parlament über eine äußerst starke Position – so zumindest die Verfassungstheorie. Anders als von den Verfassungsschöpfern jedoch gedacht, die in einem machtvollen, mit der Wahl durch das Volk zusätzlich legitimierten Reichspräsidenten ein Gegengewicht zu Parlament und Kabinett hatten installieren wollen, verstand sich das erste republikanische Staatsoberhaupt immer als Teil und nicht als Gegenpol der Reichsregierung. Für Ebert war die Einigkeit der Regierung eine unverrückbare Maxime. Angesichts der permanenten Krisensituationen mahnte er, dass »die Leitung fest in den Händen der Regierung bleiben müsse«, wie er es 1921 am Kabinettstisch formulierte. Konflikte sollten intern ausgetragen werden. Das war sein politisches Urprinzip, geformt in der Zeit vor dem Ersten Weltkrieg, als die SPD einen Großteil ihrer Kraft in öffentlich ausgetragenen Theoriedebatten vergeudet hatte. Dass die strittigen Fragen hinter verschlossenen Türen zu diskutieren waren, blieb Konstante seines politischen Handelns und Denkens. Und nach der Kompromissfindung am Verhandlungstisch sollte nach seiner Auffassung von allen Beteiligten der Konsens nach außen einhellig verteidigt werden. Dieses Prinzip leitete ihn in der Zeit als Parteivorsitzender und erst recht in der als Reichspräsident.

Das hieß allerdings nicht, dass die Beziehungen zwischen Regierung und Präsident von dauerhafter Harmonie gekennzeichnet waren. Der Reichspräsident scheute nicht den Konflikt mit der Regierung und pochte entschieden auf seine Rechte. Am Kabinettstisch bewies sich Ebert als ein kollegialer Mitspieler, der seine Standpunkte einzubringen wusste, sich aber der Mehrheitsmeinung beugte. In einigen Fällen hätte er mehr auf seiner Position beharren müssen. So wollte er die von vielen als Skandal empfundenen überaus milden Militärgerichtsurteile gegen die Mörder von Rosa Luxemburg und Karl Liebknecht nicht bestätigen sehen und die Verfahren neu aufrollen. Ebert fügte sich aber der Mehrheit im Kabinett, so dass der zuständige Reichswehrminister den Urteilen Rechtskraft verlieh. Die Chance für eine gerechte Sühne war vertan.

Nicht entschieden genug verfolgte Ebert auch eine von ihm geforderte Kampagne der Ehrlichkeit in Sachen Kriegsschuldfra-

> »Fritz Ebert, der in der Jugend sich dem Sattlerhandwerk gewidmet hatte, steigt nun also auf den Thron. [...] Man kann natürlich sagen, dass Ebert weder die höchste Kulturverfeinerung darstellt, noch ein hochragender Staatsmann sei. Er hat aber sehr gewinnende und sehr wertvolle Eigenschaften, und vor allem diese volkstümliche Wärme und diese tief wurzelnde Ehrlichkeit. Er ist kein leuchtendes Genie, [...] aber verkörpert den so genannten gesunden Menschenverstand. [...] Dabei hat er jene kaum bemerkbare Geschicklichkeit und jene zähe Beharrlichkeit, ohne die selbst in Revolutionszeiten ein ehemaliger Sattler nicht Reichspräsident wird. Die deutsche Gewerkschaftsbewegung hat keine gewaltigen Individualitäten, aber einen tüchtigen, klaren, kritischen Geist hervorgebracht. Ebert ist gutes Gewächs von diesem Boden.«
> Der Publizist Theodor Wolff im »Berliner Tageblatt«
> am 12. Februar 1919

ge. Es hätte ein Stück Entlastung der republikanischen Regierung bedeutet, wenn über eine Aufklärung der Juli-Ereignisse von 1914 dem alten kaiserlichen Regime die Hauptverantwortung am Ausbruch des Weltkrieges zugewiesen worden wäre. Ebert war von dem hohen Maß der Schuld Deutschlands überzeugt; eine Alleinschuld – wie sie dann im Versailler Friedensvertrag formuliert wurde – akzeptierte er jedoch nicht. Ein Eingeständnis der deutschen Verantwortung für den Ausbruch des Krieges hätte weithin den Bruch der neuen Republik mit dem Kaiserreich und die Verurteilung des monarchistischen Machtstrebens durch die neuen Politikträger deutlich gemacht. Ebert hatte dies erkannt, aber im weiteren Verlauf nicht mit Nachdruck die klare Distanzierung der demokratischen Regierung von der wilhelminischen Außenpolitik eingefordert oder durch öffentlichen Appell provoziert. Auch hier ordnete er sich der Mehrheitsmeinung unter, anstatt zu führen und seine Position entschieden durchzusetzen.

Stets um einen Konsens bemüht, fungierte er in strittigen Verhandlungen als Schlichter und Mediator, als Mann des Ausgleichs. Diejenigen, die mit dem Reichspräsidenten zusammentrafen oder ihn im Gespräch unter vier Augen bei einer der üblichen Morgenzigarren in seinem »verräucherten« Dienstzimmer im Palais der Berliner Wilhelmstraße 73 kennen lernten, erlebten seine menschliche Wärme, seine zurückhaltende, gewinnende Art. Der besonnene Verhandlungsführer wurde immer wieder gerufen, wenn Situationen hoffnungslos festgefahren schienen. Oft gelang es ihm, das Eis zu brechen. Auch wenn Ebert zumeist in stoischer Ruhe um eine Balance der Interessen bemüht war, konnte er bisweilen ungehalten sein. Reichskanzler Joseph Wirth charakterisierte ihn später als einen Mann, der »das lebendige, leicht erregbare Blut des Pfälzers in seinen Adern« geführt habe. Ob der badische Zentrumspolitiker damit tatsächlich einen markanten (kur-)pfälzischen Wesenszug erfasste? Belegt ist jedenfalls, dass der gebürtige Heidelberger Ebert mitunter recht unwirsch reagieren konnte.

Aber er ließ sich auch belehren, korrigierte seine Meinung, wenn Gegenargumente ihn überzeugten. Rechthaberische Besserwisserei lag ihm fern. Doch verkümmerte Ebert keineswegs zum willfährigen Handlanger der Regierung. Ingesamt griff er – mehr als nach außen drang – aktiv in die Politik ein und erfüllte als akribischer Arbeiter seine Aufgaben. Ein Kaiser-Ersatz, der sich massiv in das politische Tagesgeschäft einmischte, wollte und konnte er nicht sein. Seine Rolle sah er mehr als Hüter der Verfassung und Bewahrer der demokratischen Ordnung. Friedrich Ebert schöpfte die dem Reichspräsidenten zustehenden Rechte voll aus und formte so das höchste Staatsamt, für das es kein Vorbild gab, zu einer machtvollen Institution im politischen Koordinatensystem der jungen Republik. Er mutierte nicht zu einem repräsentativen Papiertiger. Ebert war und blieb der aktive Reichspräsident. Alles Handeln war davon bestimmt, die Funktionstüchtigkeit des parlamentarischen Systems zu sichern.

Reichspräsident und Regierungsbildung

Eine der zentralen Aufgaben des Reichspräsidenten war die Ernennung des Reichskanzlers. Darin erblickte Ebert keineswegs nur einen formalen Akt, sondern eine Chance zur Mitentscheidung. Ihn leitete in den Gesprächen um die Regierungsbildung grundlegend die Erkenntnis, dass angesichts der sozialen Deformierungen als Folge des Krieges eine notwendige Stabilisierung nur dann erreichbar war, wenn es der neuen Demokratie gelingen würde, die Klassengegensätze zu mildern und die zerrissene Gesellschaft zu einen. Nach seiner Auffassung war die Republik darüber hinaus nur durch eine Zusammenarbeit zwischen Arbeiterschaft und Bürgertum lebensfähig, waren die als erdrückend empfundenen außenpolitischen Verbindlichkeiten und die daraus resultierenden innenpolitischen Belastungen nur unter Einbindung der industriellen Interessen zu meistern. Die Bürde musste auf viele Schultern verteilt werden. Aufgrund dieser Überzeugung drängte er seine Partei immer wieder zum Regierungsbündnis mit den bürgerlichen Parteien des Verfas-

Friedrich Ebert (l.) bei der Feier zum 10. Jahrestag des Kriegsausbruchs am 3. August 1924. Neben ihm drei Reichskanzler: Wilhelm Marx (2.v.l.), dessen Vorgänger Gustav Stresemann (2.v.r.) und Nachfolger Hans Luther (r.).

sungsbogens, wozu seit Mitte des Jahres 1920 nach einem vernunftrepublikanischen Schwenk auch die rechtsliberale Deutsche Volkspartei (DVP) von Gustav Stresemann zu zählen war, und diese wiederum zur Kooperation mit der SPD. Friedrich Ebert ging es um eine möglichst breite Basis der Regierung, die so langfristig arbeiten können würde. Doch das blieb Wunschtraum.

Vor allem nach den Reichstagswahlen im Juni 1920, als die Weimarer Koalition ihre komfortable Mehrheit eingebüßt und die Sozialdemokraten einen dramatischen Wählerschwund erlebt hatten, forderte Ebert die Große Koalition aus SPD, Zentrumspartei, DDP und DVP. Dabei warb er um die Einsicht, dass der Kompromiss zwischen Interessengruppen und Partei-

> »Ich habe nie verhehlt, dass ich entschiedener Vertreter des Gedankens der Großen Koalition bin, aus staatspolitischen Notwendigkeiten heraus.«
>
> Friedrich Ebert vor Parteivertretern
am 18. November 1922

en zum unverrückbaren Bestandteil einer parlamentarischen Demokratie gehörte und dass gerade in der dauerhaft gespannten Lage des Reiches ein breiter Konsens erforderlich war. Die Parteien waren jedoch zu selten bereit, dieser Maxime zu folgen, da ihre Kompromissbereitschaft nicht ausreichte, die höchst unterschiedlichen Interessen auf einen gemeinsamen Nenner zu bringen. Ebert hingegen hielt die ideologisch-programmatischen Hürden zwischen den Parteien für überwindbar und erwartete stets eine Unterordnung parteitaktischer Ziele unter das abstrakt formulierte Wohl des Staates. Immer wieder mahnte er zur Einheit, zu einer geschlossenen »Phalanx«, um die schweren Folgelasten aus dem Versailler Vertrag zu meistern. Doch dem stand die Segmentierung der politischen Lager in eine Vielzahl von Parteien entgegen. Es wirkte sich zudem als hinderlich aus, dass die Parteien im Kaiserreich nicht an das Regieren mit den Handlungszwängen einer Koalition gewöhnt, sondern im Vorhof der Macht gehalten worden waren. Parlamentarische Regierungsbildung hatten sie nicht gelernt. Die Parteien zogen sich immer wieder allzu gern auf die bequemen Oppositionsbänke zurück, auch weil der Weimarer Wähler Regierungsteilhabe abstrafte.

So reagierte die SPD auf das im Vergleich zum Januar 1919 (37,9 Prozent) magere Ergebnis von 21,7 Prozent bei den ersten

Reichstagswahlen im Juni 1920 mit dem Gang in die Opposition, wo sie, vom Ballast der Verantwortung befreit, ihre Kräfte sammeln und den Wählerschwund in Richtung ihrer linken Konkurrenzpartei, der USPD, stoppen wollte. Ebert mochte für die Beweggründe seiner Partei Verständnis aufbringen; aus staatspolitischer Warte aber konnte er die Preisgabe der Macht nicht gutheißen, wie es den unbedingten Machtpolitiker ohnehin enttäuschte, wenn eine Regierung in seinen Augen zu vorschnell die Flinte ins Korn warf. Die immensen außenpolitischen Belastungen mit tief greifenden Entscheidungen waren mehr als einmal der Anlass, dass sich Politiker ihres Amtes entledigten. Es musste Ebert befremden, dass der badische Zentrumspolitiker Constantin Fehrenbach, Ende Juni 1920 nach wochenlangem Ringen zum Reichskanzler erkoren, bereits im Mai 1921, wenige Tage vor dem Londoner Ultimatum, mit dem die Alliierten die Anerkennung der Reparationsforderungen verlangten, zurücktrat und damit in seinen Augen eine Regierungskrise zur Unzeit auslöste.

Wenn der Reichspräsident 1922 vor Parteifreunden in Dessau davon sprach, dass Sozialdemokraten gelernt hätten, »dort stehen zu bleiben«, wohin sie gerufen worden seien, so galt das besonders für ihn, und er forderte das auch von anderen ein, nicht nur (aber vor allem) von seinen Genossen. Es imponierte ihm, dass der Freiburger Joseph Wirth im Mai 1921 entschieden zupackte und auch die Regierungskrise im Oktober 1921 im Gefolge des alliierten Beschlusses zur Teilung Oberschlesiens durch konsequentes Handeln und rasche Konstituierung einer neuen Regierung überwand.

So manche Regierungsbildung aber entwickelte sich zur Hängepartie, weil die Parteien zögerten und nicht entschlossen die Macht ergreifen wollten wie im Juni 1920. Andererseits scheiterten von Ebert auserkorene Anwärter schon im ersten Moment der Sondierungen an der starren Haltung der Parteien. Und einige Politiker, die Ebert zur Kandidatur für das Kanzleramt überreden konnte, wurden Opfer des Kampfes zwischen uneinigen Flügeln in ihrer eigenen Partei.

Die Flucht aus der Verantwortung machte es für den Reichspräsidenten schwierig, überhaupt geeignete Kandidaten zu finden, die willens und in der Lage waren, eine tragfähige Regierung zu bilden. Das Satireblatt »Simplicissimus« brachte 1923 eine Karikatur mit einem sich im Bett wälzenden Ebert unter der Überschrift »Die ewige Kanzler-Krise«, untertitelt mit dem Zitat des Dichters Heinrich Heine (1843): »Denk' ich an Deutschland in der Nacht, dann bin ich um den Schlaf gebracht.« In der Tat dürfte die Kanzlerfrage Ebert manchmal um den Schlaf gebracht haben. So bedurfte es des Öfteren seines massiven Drucks, bis hin zur Rücktrittsdrohung, um einen von ihm auserkorenen Politiker oder eine Partei zur Übernahme der Regierungsverantwortung zu bewegen. Manche Regierungsbildung wuchs sich zu einem unerquicklichen Eiertanz aus und war von einem Taktieren bestimmt, das Ebert nicht gutheißen konnte und wollte, weil es das Ansehen der parlamentarischen Demokratie schädigte. Daher scheute er sich in festgefahrenen Situationen auch nicht, ungewöhnliche Wege zu beschreiten. 1924 löste er – in Übereinstimmung mit der Regierung und weiten Teilen des Parlaments – zweimal den Reichstag auf, weil die Fronten derart verhärtet waren, dass ein vernünftiges Regieren nicht mehr möglich war.

Nach dem Scheitern der Regierung Wirth im November 1922 berief er im Moment der politischen Erstarrung, als die Parteien kaum Anstalten machten, den Kanzler zu stellen oder in das Kabinett einzutreten, den konservativen parteilosen Direktor der Hamburger Hapag-Reederei Wilhelm Cuno an die Spitze eines sogenannten »Geschäftsministeriums« mit parteipolitisch ungebundenen »Fachleuten« jenseits der Parteien. Diese Kanzlerwahl, die ein deutliches Symptom der Krise des parlamentarischen Parteienstaates war, stellte sich im Nachhinein als Fehlgriff heraus, denn der hoch angesehene Wirtschaftsfachmann Cuno und seine Mannschaft erwiesen sich der Zuspitzung der außen- und innenpolitischen Lage, gekennzeichnet durch die französisch-belgische Ruhrbesetzung und eine dramatisch ansteigende Inflation, nicht gewachsen.

Nur für einige Monate im Sommer 1923, als das Reich am Abgrund stand, kam es zu Eberts Wunschkoalition. Doch das Bündnis von der DVP bis zur SPD unter Reichskanzler Gustav Stresemann hielt nicht einmal drei Monate – sehr zum Ärger von Ebert, dem es schließlich unter nachdrücklichem Appell an die Verantwortungsbereitschaft gelang, den zunächst zögernden Zentrumspolitiker Wilhelm Marx zur Übernahme des Kanzleramtes zu bewegen. Bei dieser Gelegenheit nahm der Präsident wieder so starken Einfluss in der Kanzlerfrage, wie er es in der Anfangszeit seines Amtes getan hatte. So hatte er im Juni 1919 seinen engsten Freund Gustav Bauer (SPD) zum Regierungschef berufen – gegen die Intention der SPD-Fraktion, die den Parteivorsitzenden Hermann Müller bevorzugte, der dann Bauer im März 1920 folgen sollte. Gegen Ende des Jahres 1924 musste Ebert erkennen, dass die Wirkungsmacht des Reichspräsidenten in den Regierungsverhandlungen beschnitten war, wenn die Parteien zielstrebig handelten. So stemmte er sich bis zuletzt gegen eine Regierungsbeteiligung der antirepublikanischen DNVP, die im Herbst 1924 von Stresemann so hartnäckig forciert wurde. Nach monatelangem Abwehrkampf musste Ebert schließlich Anfang 1925 nachgeben und Reichskanzler Wilhelm Marx vom Zentrum, den er unter allen Umständen hatte halten wollen, um einen kräftigen Rechtsruck zu verhindern, die Entlassungsurkunde ausstellen. Unter dem parteilosen neuen Reichskanzler Hans Luther saßen zum ersten Mal mit Vertretern der antidemokratischen DNVP Politiker einer Partei in der Regierung, die der Republik den Kampf angesagt hatten, darunter ein Minister, der als Beamter 1920 den Eid auf die Verfassung verweigert hatte. Es musste Ebert als Anomalie erscheinen, dass ausgerechnet ein Mann der DNVP Innenminister wurde und damit das für Verfassungsfragen zuständige Ressort leitete. Das mochte Ebert innerlich gegen den Strich gehen, dagegen ausrichten konnte er nichts. Seine Möglichkeiten bei Kanzlerkür und Koalitionsbildung waren also begrenzt, wenn die Parteien agierten. Aber oftmals eben scheuten sie sich vor der Übernahme der Regierungsverantwortung.

So erlebte er in seinen sechs Jahren an der Spitze des Reiches nicht weniger als neun Kanzler mit mehr als einem Dutzend Kabinette, von denen die meisten nicht einmal über eine parlamentarische Mehrheit verfügten. Die durchschnittliche Haltbarkeitsdauer einer Regierung betrug magere sechs Monate. Da waren die sechs Jahre, die Ebert im Amt ausharrte, beachtlich. Dabei war er in den permanenten Krisensituationen der Weimarer Anfangsjahre selbst mehrfach von dem Wunsch beseelt, die Bürde seines Amtes abzustreifen. Erstmals war dies bei der Entscheidung über die Annahme des Friedensvertrages der Fall.

Außenpolitischer Vertreter des Reiches

Die Unterzeichnung des Versailler Friedensvertrages stellte die erste große außenpolitische Belastungsprobe der jungen Republik dar. Der Anfang Mai 1919 von den Siegermächten veröffentlichte Entwurf des Vertrages traf das Reich wie ein Keulenschlag. Eberts vor Übergabe der Bedingungen geäußerte Erwartung auf einen »Frieden der Verständigung und der Aussöhnung« erwies sich als illusorisch. Die Hoffnung auf einen erträglichen Frieden wich nach der Veröffentlichung des alliierten Entwurfes der Entrüstung. Denn neben Abtretungen von einem Siebtel des Reichsgebietes und dem Verlust der Kolonien sowie der drastischen Verminderung der Streitkräfte rief vor allem der »Schmachartikel« 231 Empörung hervor: Mit der darin festgeschriebenen Alleinschuld Deutschlands am Ausbruch des Krieges begründeten die Sieger hohe, zunächst noch nicht festgelegte Wiedergutmachungszahlungen. Regierungschef Scheidemann fasste am 12. Mai 1919 vor der Nationalversammlung die allgemeine Stimmung in ein eindrückliches Bild: »Welche Hand müsste nicht verdorren, die sich und uns in diese Fesseln legt?« Auch Friedrich Ebert ließ sich vom Taumel der markigen Worte mitreißen, wenn er auf einer Protestversammlung wenige Tage später den Satz prägte: »Wir wären ehrlos und würdelos, wenn wir nicht die ganze Kraft aufbieten gegen die Schmach, die uns angedroht wird.«

Der öffentliche Protest, getragen von ohnmächtiger Wut, war die eine Seite, die nüchterne Analyse der Möglichkeiten, darauf zu reagieren, die andere. Und diese waren begrenzt. Ebert rang sich schließlich zur Unterzeichnung durch. Es gab keine Alternative zur Unterschrift, wollte man nicht einen neuen aussichtslosen Waffengang mit den militärisch überlegenen Siegermächten riskieren. Um in den Worten von Ebert zu bleiben: Die »Kraft« reichte eben nicht aus, um die »Schmach« abzuwenden. Angesichts der ultimativen Drohung der Alliierten mit Wiederaufnahme der Kampfhandlungen blieb der Nationalversammlung keine andere Wahl, als am 23. Juni 1919 den Vertrag anzunehmen. Ebert hatte bis kurz vor Ablauf des alliierten Ultimatums alles daran gesetzt, eine Mehrheit für die Zustimmung zustande zu bringen. Das sollte ihm gelingen.

In diesen dramatischen Tagen des Juni 1919 war er wie viele Politiker angesichts der Tragweite der Entscheidung dem körperlichen Zusammenbruch nahe. Er dachte an Rücktritt, so wie ihn die Reichsregierung unter Philipp Scheidemann aus Ablehnung des Vertrages dann vollziehen sollte. Ebert aber blieb, geleitet von der Erkenntnis, dass seine Demission eine Staatskrise auslösen würde – mit unabsehbaren Folgen für den Fortbestand des Reiches. Dieses dabei zum Ausdruck kommende hohe Maß an Verantwortungsethos zeichnete ihn als Reichspräsidenten aus. Sein Beharrungsvermögen wiegt umso mehr, als andere – unter persönlichem Blickwinkel konsequent, unter längerfristiger gesamtpolitischer Perspektive aber mit verheerender Wirkung – sich der Bürde ihres Amtes entledigten.

Der Friedensvertrag und die nationalistische Agitation gegen den »Schandfrieden von Versailles« entwickelten sich zu einer schweren Hypothek für die Republik. Für Ebert stand fest: Die Lasten konnten nur in beharrlichen Verhandlungen mit den Westmächten gemildert werden. Das Ziel musste es sein, die – zweifellos geringen – außenpolitischen Spielräume zu nutzen. Aus dieser Erkenntnis heraus stützte er die »Erfüllungspolitik«, mit der das Reich versuchte, den Forderungen der Siegermächte nachzukommen, um so deren Unerfüllbarkeit unter Beweis zu stellen. Letztlich hoffte Berlin, damit die Alliierten zum Nachgeben bewegen zu können.

Angesichts des hohen Stellenwertes der Außenpolitik wollte Ebert bei ihrer Konzeption und Durchführung mitbestimmen, auch deshalb, weil von den außenpolitischen Entscheidungen das Wohl und Wehe der Republik im Innern, vor allem die finanzielle Leistungsfähigkeit, abhing. Über die Mitwirkung in materiellen außenpolitischen Weichenstellungen hinaus griff er auch in personellen und organisatorischen Fragen ein, so etwa bei der Neustrukturierung des Auswärtigen Amtes und des diplomatischen Dienstes. Denn über die völkerrechtliche Vertretungsbefugnis hinaus war der Reichspräsident durch das in Artikel 46 der Reichsverfassung verankerte Recht, die Reichsbeamten zu ernennen, in die personalpolitischen Entscheidungen eingebunden. Ebert leitete daraus auch die Befugnis ab, bei der Bestallung des Außenministers ein entscheidendes Wort mitzureden, sah er doch in diesem seine Vertrauensperson. Ohne den Präsidenten oder gar gegen ihn war der Außenminister vom Kanzler nicht zu bestellen. Von den acht Außenministern in Eberts Amtszeit verdankten einige ihre Berufung der Initiative des Reichspräsidenten.

Bei der Auswahl des diplomatischen Personals, von Botschaftern und Gesandten, ließ sich Ebert von dem Bestreben leiten, nach außen hin den verfassungspolitischen Wandel vom Kaiserreich zur Republik zu demonstrieren. Zwar attestierte er einer ganzen Reihe der im kaiserlichen Außenamt groß gewordenen Mitarbeiter, die sich sehr wohl auf den Boden der Realität gestellt, sich aber noch nicht von den alten Traditionen gelöst hatten, vorzügliche Arbeit. Daher erschien ihm ein weitgehender Austausch des auswärtigen Personals nicht angeraten. Doch war er bemüht, die Missionen auch mit Persönlichkeiten jenseits der ministeriellen und diplomatischen Bürokratie zu besetzen. So wurde in seiner Amtszeit der diplomatische Dienst in einem nicht unwesentlichen Ausmaß für Quereinsteiger geöffnet.

Wie im personellen Bereich, so griff Ebert auch in Fragen der außenpolitischen Repräsentation ein. Hier aber blieben die Aktivitäten des Reichspräsidenten begrenzt. Eine Auslandsreise unternahm er wegen der internationalen Isolierung Deutschlands

Eines der wenigen repräsentativen Ereignisse von außenpolitischer Bedeutung: Mit dem argentinischen Gesandten Luis Molina (r.) schreitet Ebert am 22. Juli 1923 eine Formation von Matrosen des in Hamburg ankernden argentinischen Schiffes »Presidente Sarmiento« ab. Wegen der internationalen Isolierung des Reiches hat das Auswärtige Amt darauf gedrängt, dass Ebert dem Schulschiff seine Aufwartung macht. Tatsächlich sorgt der Besuch für einen kleinen außenpolitischen Prestigegewinn.

nicht. Nur ganz wenige Staatsgäste machten dem Reich ihre Aufwartung. Das erklärt die Bedeutung, die die Reichsregierung kleineren diplomatischen Ereignissen beimaß. So empfing Ebert den gewählten, aber noch nicht ins Amt eingeführten mexikanischen Präsidenten Elías Calles wie ein Staatsoberhaupt und stattete einem argentinischen Schulschiff einen Besuch ab, weil sich das Außenamt dadurch einen internationalen Prestigegewinn erhoffte. Im Kern beschränkte sich aber die außenpolitische Repräsentation des Reichspräsidenten auf den Empfang der Botschafter bei deren Akkreditierung und die Abhaltung des Neujahrsempfanges für das diplomatische Korps, auf dessen Durchführung Ebert besonderen Wert legte. Doch fühlte er sich hierbei vom Auswärtigen Amt mitunter unzureichend unterstützt.

Die Unstimmigkeiten mit dem Außenamt in Fragen der auswärtigen Repräsentation erwiesen sich aber als unbedeutend im Vergleich zu substantiellen Differenzen in der außenpolitischen Grundrichtung. Es blieb Eberts Leitlinie, durch beharrliche Verhandlungen mit den westlichen Mächten zu versuchen, die Reparationen zu reduzieren und letztlich Deutschland wieder in den Kreis der gleichberechtigten Nationen zu führen. Um daran festzuhalten, bedurfte es eines langen Atems, denn die Hoffnung auf Entgegenkommen der Sieger wurde auf eine harte Probe gestellt. Ebert sah sich immer wieder bitter enttäuscht: »Wir sind uns klar [...], dass wir das Kreuz allein tragen und den Kelch bis zur Neige leeren müssen«, meinte im November 1920 ein fast schon resignierender Reichspräsident.

Als die Alliierten Ende Januar 1921 die Höhe der Reparationen auf 226 Milliarden Goldmark festlegten, schwand jegliche Zuversicht bei ihm. Der Kelch war nun prall gefüllt. Wie so oft beschwor Ebert die »fest gefügte Schicksalsgemeinschaft« des Volkes. Doch das Kabinett Fehrenbach resignierte; der neuen Regierung von Kanzler Wirth blieb keine andere Wahl als die Annahme der Londoner Beschlüsse mit ihren harten Bedingungen.

Kaum ein halbes Jahr später folgte der nächste Nackenschlag mit der Entscheidung über Oberschlesien. Obwohl sich die dortige Bevölkerung in einer entsprechend dem Friedensvertrag durchgeführten Volksabstimmung im März 1921 für einen weiteren Verbleib bei Deutschland ausgesprochen hatte, verfügten die Alliierten im Oktober eine Aufteilung der preußischen Provinz zwischen Polen und Deutschland. Das enttäuschte die deutsche Seite maßlos, auch Ebert, wie Wirth sich noch Jahre später erinnerte: »Nie sah ich Ebert in so tiefer Niedergeschlagenheit wie damals.«

Im April 1922 waren es dann ausgerechnet der Kanzler und sein Außenminister Walther Rathenau, die mit dem Vertrag von Rapallo zwischen Deutschland und Sowjetrussland Ebert eine weitere Enttäuschung bereiteten. Der Abschluss kam für den Reichspräsidenten vollkommen überraschend. Denn Wirth hatte dem Staatsoberhaupt im Wissen um dessen Westorientierung und Misstrauen gegenüber den Sowjets die geheim betriebenen Vorbereitungen sorgsam verschwiegen. Mit Moskau wollte der Reichspräsident nicht verhandeln, die Bolschewiki erschienen ihm keine vertrauenswürdigen Gesprächspartner zu sein. Doch schloss auch Ebert ein vorsichtiges Zugehen auf Sowjetrussland nicht kategorisch aus, falls sich dies als erforderlich erweisen würde. Er war Realpolitiker genug, um die deutschen Interessen im Osten nicht aus den Augen zu verlieren. Aber Rapallo war in seinen Augen ein unnötiger und unzeitgemäßer Parforceritt.

Über den Vertrag, der die Aufnahme diplomatischer Beziehungen festlegte, war Ebert nachhaltig verstimmt, denn er glaubte durch die damit eingeschlagene Ostorientierung seine nach Westen ausgerichtete Politik torpediert und das Verhältnis zu den Westmächten schwer belastet. Zudem fühlte er sich als Reichspräsident, dem die Verfassung das außenpolitische Vertretungsrecht zuwies, durch den in seinen Augen allzu schnell unterzeichneten Vertrag brüskiert und überrumpelt. Schon einmal hatte ihn das Auswärtige Amt mit der von ihm betriebenen Ostpolitik ignoriert. Im Mai 1921 waren von der Regierung handstreichartig zwei Verträge mit Sowjetrussland unterzeichnet worden. Von der überstürzten Unterzeichnung erfuhr Ebert erst aus der Presse. Reichsfinanzminister Wirth hatte unter Umgehung des Staatsoberhauptes, das erhebliche Bedenken gegen die Abkommen hatte, die Unterzeichnung betrieben. Das Spiel wiederholte sich ein Jahr später – wiederum mit Wirth als Hauptakteur, diesmal in der Rolle des verantwortlichen Regierungschefs.

Über den Alleingang von Kanzler und Außenminister in Rapallo war Ebert äußerst aufgebracht. Er zeigte sich gegenüber allen Beschwichtigungsversuchen von dritter Seite immun. Dennoch: Auch wenn durch den Coup ein nicht mehr zu kittender Bruch zwischen Ebert auf der einen und Wirth und Rathenau auf der anderen Seite entstanden war, so wollte der Präsident keine Regierungskrise vom Zaun brechen. Er ließ daher keine Zweifel daran, dass öffentlich die völlige Einigkeit der Regierung gewahrt werden müsse. Das entsprach seinem Rollenverständnis als einer Stütze der Regierung. Demonstrative Geschlossenheit war jetzt die Parole, der sich auch Ebert trotz aller Enttäuschung unterordnete. Gegenüber der Presse verteidigte er – entgegen der eigenen Einschätzung – den Vertrag als notwendig und erforderlich.

Doch das Vertrauensverhältnis zwischen Präsident und Kanzler war zerstört, ein Umstand, der zu einem nicht geringen Teil zum Scheitern von Wirth beitragen sollte. Wirth hatte durch Rapallo und weitere Alleingänge allen Kredit beim Reichspräsidenten verspielt. Als sich der Kanzler im November 1922 nach wochenlangen Gesprächen über eine Erweiterung der Weimarer Koalition um Stresemanns DVP in eine Sackgasse manövriert hatte, unternahm Ebert nichts, den politisch ungeschickt agierenden Zentrumsmann zu halten. Das Ende Wirths, den Ebert lange Zeit als einen entschlossenen Politiker geschätzt hatte, kam ihm nicht ungelegen. Rapallo saß tief.

Zwar stellte der Vertrag einen Erfolg für das außenpolitisch isolierte Deutschland dar, doch irritierte er, wie von Ebert befürchtet, die Westmächte. Frankreich holte bald zum Schlag aus und besetzte im Januar 1923 das Ruhrgebiet. Es folgte die schwerste Krise der Republik. Hier wie in den anderen Notlagen war der Reichspräsident besonders gefragt.

Der Reichspräsident in den Krisen der Republik

Die ersten Jahre der Republik waren gekennzeichnet von immer wieder aufflammenden lokalen Unruhen. Im März 1920 erfolgte mit dem Kapp-Lüttwitz-Putsch der erste reichsweite Versuch, die junge Republik zu stürzen. Auslöser des Staatsstreiches war die drastische Verringerung des Heeres auf die im Friedensvertrag festgeschriebene Höhe von 100 000 Mann. In der Militärpolitik hatte sich Ebert als Oberbefehlshaber intensiv in Personalfragen – mehr als nach außen drang – eingebracht, sich zumeist aber auf den Sachverstand der verantwortlichen Politiker und der obersten Militärs verlassen. Er verfolgte dabei keine von außen soufflierte, sondern von ihm selbst als notwendig und möglich erkannte Politik. Eine Strukturreform und ein umfassender personeller Austausch hatten während der Revolutionszeit nicht stattgefunden. Mit dem Rückgriff auf das alte Offizierskorps waren Vorentscheidungen für die künftige Armee gefallen.

Als Reichspräsident setzte Ebert diese Linie fort. Er wollte unter Verzicht auf einen umfassenden Personalaustausch und auf eine generelle strukturelle Neuorientierung langsam eine vertrauensvolle Beziehung zwischen Militär und Reichspräsident aufbauen. Er zielte darauf ab, die im Kaiserreich groß gewordenen Offiziere mit in die Republik hinüber zu nehmen und ihnen die Chance zu geben, sich in die Demokratie einzugewöhnen. Doch rechtfertigte das Offizierskorps diesen Vertrauensvorschuss nicht.

Als im Zuge der Verkleinerung der Reichswehr entsprechend den Bestimmungen des Friedensvertrages auch die Marinebrigade Ehrhardt, die schlagkräftigste Truppe im Reich, aufgelöst werden sollte, forderte General Walther von Lüttwitz ultimativ von Ebert die Rücknahme der Order. Eberts Ablehnung war das Signal für den Umsturzversuch einer rechtsmilitanten Verschwörergruppe um den hohen preußischen Beamten Wolfgang Kapp und General von Lüttwitz.

In den ersten Stunden des Putsches am 13. März 1920 hing das Schicksal der rechtmäßigen Regierung im Wesentlichen vom Verhalten der militärischen Führung ab. Die Mehrheit der maßgeblichen Offiziere zeigte sich nicht bereit, der auf Berlin zumarschierenden Marinebrigade Ehrhardt mit militärischen Mitteln zu begegnen, weil die Truppe der Belastung, auf Kameraden zu schießen, nicht gewachsen sei (»Reichswehr schießt nicht auf Reichswehr«). Nur Walther Reinhardt, als Chef der Heeresleitung oberster Militär im Reich, plädierte dafür, mit Waffengewalt Widerstand zu leisten.

Von der bewaffneten Macht im Stich gelassen, blieb der Regierung nur die Flucht. Ebert verließ mit einigen Ministern Berlin in Richtung Dresden. Wenige Minuten später rückten Putschtruppen in das Regierungsviertel ein. In Dresden ergriffen Ebert und die Regierung erste Gegenmaßnahmen. Doch wurde es in Sachsen bald zu unsicher. Die Flucht ging weiter nach Stuttgart. Dort angelangt, lehnte Ebert jede Konzession an die Putschisten ab: »Mit Kapp und Genossen wird nicht verhandelt.« Nach wenigen Tagen war der Spuk vorbei. In erster Linie brachte der vor allem von der Arbeiterbewegung getragene Generalstreik das Ende des Umsturzunternehmens, denn alle Räder standen nun still. Im Bewusstsein des Erfolges forderten weite Teile der SPD und der Gewerkschaften die Entlassung von Reichswehrminister Gustav Noske (SPD), den sie für die verfehlte Militärpolitik verantwortlich machten. Ebert aber hielt an dem umstrittenen Minister in der Überzeugung fest, dass nur dieser die Reichswehr in den Griff bekommen könne. Zudem befürchtete er, dass bei einem Rücktritt Noskes das wichtige Ministerium für die SPD verloren gehen würde. Schließlich musste er sich aber dem massiven Druck aus den eigenen Reihen beugen. Da sich – wie von ihm vorhergesagt – in der SPD kein Nachfolger für den ungeliebten Posten fand, verlor die SPD eine zentrale Bastion und vergab damit die Chance, direkt auf die Reichswehr einzuwirken und sie zu einem republiktreuen Machtinstrument zu formen. Aus Solidarität mit Noske suchte auch Reinhardt um seinen endgültigen Abschied nach. Ebert entband ihn von seinem Amt, betraute ihn aber mit neuen Aufgaben. Was blieb, war gegenseitige Achtung, wie Ebert 1921 an Reinhardt schrieb: »Der Weg war so beschwerlich, dass diese Gemeinschaft auf lange hinaus verbindet.« In den Krisentagen der Revolution war diese begründet worden.

Der Rücktritt Noskes läutete auch das Ende der Regierung von Reichskanzler Gustav Bauer (SPD) ein, an dessen Stelle der SPD-Vorsitzende Hermann Müller trat, der bis zu den Reichstagswahlen im Juni 1920 im Amt bleiben sollte. Den Gewerkschaften, die den Generalstreik über das Ende des Putsches hinaus aufrecht hielten, genügten die personellen Wechsel aber nicht. Ihre Forderung nach grundlegenden Reformen – auch über den militärischen Bereich hinaus – und nach Einfluss auf die Neubildung der Regierung blockte Ebert erfolgreich mit dem Hinweis ab, dass bei alledem die Verfassung einzuhalten sei. Reformen waren Sache des Parlaments. Das blieb die Richtschnur.

Der neue Reichswehrminister Otto Gessler (DDP), dem die Republik erklärtermaßen keine Herzenssache war und der sich als »Vernunftrepublikaner« bezeichnete, und der von Friedrich Ebert zum neuen Chef der Heeresleitung ernannte General Hans von Seeckt hielten die Reichswehr von jeglicher Parteipolitik und umgekehrt die Parteipolitik von der Reichswehr fern. Das ermöglichte der Reichswehr, sich von der Republik abzukapseln und in Distanz zur republikanischen Staatsordnung zu verharren. Dem steuerte der Reichspräsident zu wenig entgegen.

Die Konsequenzen, die Ebert aus dem Putsch ziehen wollte, beschränkten sich auf die Bestrafung und Ausmusterung der antirepublikanischen Kräfte im Waffenrock, denn zahlreiche Offiziere hatten sich den Verschwörern angeschlossen, andere wiederum sich nicht eindeutig auf die Seite der rechtmäßigen demokratischen Regierung gestellt.

Ebert drängte zwar hartnäckig auf den Ausschluss der Putschisten und ihrer Sympathisanten aus der Reichswehr, doch die Sache verlief im Sande, als der Reichstag mit einem Amnestiegesetz einen Schlussstrich unter den Putsch zog. Nur 172 Offiziere wurden entlassen, darunter sechs Generale. Kein einziger Reichswehrangehöriger erhielt wegen seiner Beteiligung am Putsch eine Freiheitsstrafe. Dabei blieb es.

Eine grundlegende Änderung der Strukturen und eine stärkere demokratische Kontrolle der Militärmacht, wie von einigen Sozialdemokraten weiterhin gefordert, passten nicht in Eberts militärpolitische Vorstellungen. Das endgültige Wehrgesetz vom März 1921 zielte darauf, das Militär politisch zu neutralisieren; die Reichswehr wurde so kein integraler Bestandteil der De-

> »So müssen wir die demokratische Republik, für die wir jahrzehntelang gekämpft haben, nicht nur gegen Rechts, sondern auch gegen Links verteidigen. Gegen Militärputsche und Kommunistenputsche kämpfen wir für die Sicherung der Republik. Es ist nicht ausgeschlossen, dass uns eines Tags die Putschisten von rechts und links in einheitlicher Front gegenüberstehen. [...]
> Jetzt gilt es vor allem, die offenkundig reaktionären Offiziere aus der Truppe zu entfernen. Beim begreiflichen Mangel an brauchbaren republikanischen Offizieren ist das nicht leicht. Es muss aber durchgeführt werden. Die gleiche Aufräumung muss in der Verwaltung durchgeführt werden. Auch hier ist kein Überfluss an geeigneten Kräften.«
> Friedrich Ebert an den schwedischen Ministerpräsidenten Hjalmar Branting, 16. April 1920

mokratie. Ihre Verpuppung zu einer nur dem abstrakten Staat verpflichteten und nicht auf die Demokratie eingeschworenen Institution nahm ihren weiteren unheilvollen Lauf.

Bis zum Kapp-Lüttwitz-Putsch hatten Reichspräsident und Reichsregierung bei Unruhen wie selbstverständlich auf die Reichswehr zur Sicherung von Ruhe und Ordnung zurückgegriffen. Das Militär wurde nach den Erfahrungen vom März 1920 von dieser Aufgabe entbunden. So wurde die Niederschlagung der kommunistischen Revolte im mitteldeutschen Industrierevier im März 1921 der preußischen Schutzpolizei überantwortet, die ihre Feuertaufe als Krisenregulator bestand. Im Krisenjahr 1923 aber rückte das Militär wieder in diese Funktion.

Das Jahr 1923 brachte die schwerste Krise seit den Revolutionstagen. Es begann mit der Besetzung des Ruhrgebietes durch französische und belgische Truppen am 11. Januar. Als Abwehrmaßnahme proklamierte die Reichsregierung den passiven Widerstand: Die Bevölkerung der betroffenen Gebiete wurde aufgerufen, jegliche Zusammenarbeit mit den Besatzern zu unterlassen. Diese staatlich verordnete Arbeitsverweigerung, die vom Reich finanziert wurde, trieb jedoch die Inflation in astronomische Höhen. Im Zuge dieser Wirtschafts- und Finanzkrise verzeichneten die extremen Parteien einen überdurchschnittlichen Zulauf, sowohl die KPD am linken als auch die Deutschvölkischen und die Nationalsozialisten am rechten Rand des politischen Spektrums. Eine der Berliner Zentralregierung die Gefolgschaft verweigernde bayerische Regierung auf der einen und Regierungsbündnisse der SPD mit der antidemokratischen KPD in Mitteldeutschland auf der anderen Seite entwickelten sich zu zwei weiteren Konfliktherden, die die Reichseinheit gefährdeten. Zudem schmiedete die politische Rechte Pläne für eine Diktatur. Nicht weniger

An der Grenze zu dem seit Januar 1923 besetzten Teil des Ruhr-Reviers: Ebert versichert am 18. März 1923 in Hamm den Vertretern des besetzten Gebietes die Solidarität des Reiches und mahnt zur Einigkeit mit dem Leitspruch der frühen Arbeiterbewegung: »Einer für alle, alle für einen.«

als fünf Kabinette versuchten innerhalb von zwölf Monaten ihr Glück. Im Herbst 1923 drohte der Sturz der Republik.

In dieses Krisenjahr war das Reich mit der Regierung Cuno hineingegangen. Doch sie zeigte sich der Krise nicht gewachsen. Lange stand Ebert zu »seinem« Kanzler, der allerdings angesichts wachsender Widerstände schließlich im August zurücktrat. Es kam zur Großen Koalition mit Gustav Stresemann als Reichskanzler. Der Regierung gelang es endlich im Herbst 1923 mit massiver Unterstützung Eberts, die existenzielle Krise des Staates zu überwinden. Zunächst brach die Regierung den passiven Widerstand ab, der das Reich finanziell gänzlich zu ruinieren drohte. Ebert stand bis zuletzt hinter diesem staatlich finanzierten Generalstreik; aber auch er musste schließlich erkennen, dass er nicht länger durchzuhalten war. Der Ab-

> »Freiheit und Recht sind Zwillingsschwestern. Die Freiheit kann sich nur in fester staatlicher Ordnung gestalten. Sie zu schützen und wiederherzustellen, wo sie angetastet wird, das ist das erste Gebot derer, die die Freiheit lieben. Jede Gewaltherrschaft, von wem sie auch komme, werden wir bekämpfen bis zum Äußersten.«
>
> Friedrich Ebert vor der Nationalversammlung nach seiner Wahl zum Reichspräsidenten am 11. Februar 1919

bruch des passiven Widerstandes war Vorraussetzung für die Währungssanierung, die mit der Einführung der Rentenmark gelingen sollte. Damit konnte die wirtschaftliche Konsolidierung eingeleitet werden. Zur Bewältigung der Krise stellte der Reichspräsident dem neuen Kanzler Stresemann wie seinem Vorgänger Cuno die gewünschten Notverordnungen nach dem umstrittenen Artikel 48 der Reichsverfassung bereit.

In seiner Amtszeit unterzeichnete Ebert insgesamt 136 Verordnungen nach Artikel 48. Zunächst hatte der von einem starken Ordnungsdenken geleitete Ebert die damit verbundenen Befugnisse ausschließlich zur Wiederherstellung von Ruhe und Ordnung eingesetzt. Das war verfassungsrechtlich gedeckt. Mit der Anwendung von Artikel 48 – des Notverordnungsartikels – zur Behebung einer überaus dramatischen wirtschafts- und finanzpolitischen Krisensituation 1923 wurden die Verfassungsbestimmungen jedoch überdehnt, wodurch staatsrechtlich gesehen bedenkliche Präzedenzfälle geschaffen wurden. Regierung und Reichspräsident glaubten nur im verkürzten Verfahren über Artikel 48 der akuten Probleme Herr zu werden. Ebert agierte dabei ganz im Sinne einer Stabilisierung der gefährdeten Republik, immer unter Wahrung und Respektierung der Rechte des Reichstages, während sein Nachfolger Paul von Hindenburg gewillt war, die Möglichkeiten, die Artikel 48 bot, in geschickter Kombination mit den weiteren präsidialen Befugnissen gegen den Reichstag – und damit gegen die Republik – auszunutzen. Für Ebert besaß bei allen seinen Handlungen das Parlament Vorrang.

Ohne Widerspruch blieben Eberts Maßnahmen jedoch nicht – vor allem nicht im Herbst 1923. Die Kritik kam auch aus den eigenen sozialdemokratischen Reihen. Sie konzentrierte sich auf Eberts Ermächtigung an Reichskanzler Stresemann im Oktober, die sozialdemokratisch-kommunistische Regierung in Sachsen abzusetzen, weil diese dem Reich die Gefolgschaft verweigert hatte und die KPD zum offenen Kampf gegen die Republik rüstete. Dagegen erhoben sich innerhalb der SPD, deren Minister von Stresemann, der den seit Monaten schwelenden Konflikt mit Sachsen endlich bereinigen wollte, geschickt umspielt worden waren, zum Teil heftige Vorwürfe, die sich auch gegen Ebert richteten. Ein Reichstagsabgeordneter meinte: »Nach meiner Ansicht ist Ebert erledigt. Wie konnte er eine solche Verordnung unterschreiben?«

Auf der anderen Seite enttäuschte es Ebert, dass die SPD im Zorn über das in ihren Augen überstürzte und vielleicht sogar vermeidbare Vorgehen gegen Sachsen aus der Großen Koalition austrat. Damit zerbrach Eberts politisches Wunschmodell schon nach wenigen Monaten. In der Preisgabe der Macht erblickte er mit politischer Weitsicht einen folgenschweren Fehler seiner Partei, die sich tatsächlich für fünf lange Jahre von den Regierungsbänken verabschiedete. Ebert unterschätzte allerdings die Belastung, die es für die SPD bedeutet hätte, weiter mit der DVP am Regierungstisch zu sitzen, die das Rad der Geschichte zurückdrehen und revolutionäre Errungenschaften wie den Achtstundentag rückgängig machen wollte.

Innerhalb der SPD konnte man es nicht begreifen, dass gegen die gleichzeitigen antirepublikanischen Umtriebe rechter Kreise in Bayern nichts unternommen wurde. Ein Vorgehen gegen die Münchner Fronde hatte zwar auch Ebert gefordert, doch hatte ihm die Reichswehrführung die Gefolgschaft verweigert. Erst als Hitler am 9. November 1923 zum Marsch auf Berlin blies, wurde eingegriffen und der Putsch vereitelt.

Hier ernannte Ebert den Chef der Heeresleitung, Hans von Seeckt, zum Inhaber der vollziehenden Gewalt, der diktatorische Vollmachten besaß. Das war ein gewagter Schachzug, denn der General liebäugelte mit einer (befristeten) Diktatur. Doch konnte er dieses Vorhaben nicht umsetzen, auch dann nicht, als Stresemann zurücktreten musste, nachdem der Reichstag ihm das Vertrauen verweigert hatte. Auch die SPD trug zum Sturz des Kanzlers bei, was Ebert bis zuletzt verhindern wollte.

> »Was Euch veranlasst, den Kanzler zu stürzen, ist in sechs Wochen vergessen, aber die Folgen Eurer Dummheit werdet Ihr noch zehn Jahre lang spüren.«
>
> Friedrich Ebert gegenüber Parteifreunden beim Sturz Stresemanns im November 1923

Der Abgang Stresemanns wurde dank des Präsidenten nicht zur Stunde Seeckts oder einer Diktatur, die von vielen angestrebt wurde. Zwar verfügte der General mit der Übertragung der vollziehenden Gewalt über eine fast unbegrenzte Machtfülle, er war aber zugleich an den Reichspräsidenten gebunden, der Seeckt geschickt auf sich verpflichtete und in die Schranken wies, sobald dieser die von Ebert gesteckten Handlungsmöglichkeiten zur eigenen Machterweiterung zu durchbrechen drohte. Der Präsident stellte sich bei Konflikten zwischen Seeckt und den Ministerien stets konsequent hinter das Kabinett. Es kam schließlich zu einem regelrechten Machtkampf, da Seeckt sich weigerte, einigen Forderungen Eberts Folge zu leisten. In diesem Konflikt behielt der Reichspräsident letztlich die Oberhand.

Als der General am 13. Februar 1924 Ebert ersuchte, den militärischen Ausnahmezustand aufzuheben, war dieser Schritt eher aus der Resignation vor den wachsenden Widerständen von Seiten der Politik geboren worden als aus der Erkenntnis, dass die Zeit für eine Rückkehr zur staatlichen Normalität reif war. Der Ausnahmezustand hatte sich als wirksames Mittel in der Staatskrise bewährt und letztlich zur Rückkehr in die verfassungsmäßige Normalität beigetragen. Dabei war es den Verantwortlichen – und hier vor allem dem Reichspräsidenten – gelungen, die weitreichenden Pläne der Reichswehr niederzuhalten. Mit seiner konsequenten Abwehr der Vorstöße des Generals war Ebert aus dem Machtkampf mit Seeckt siegreich hervorgegangen. Dies war eine der wesentlichen Voraussetzungen für die 1924 einsetzende relative innenpolitische Stabilisierung.

Repräsentant der Republik

Die Rettung des am Abgrund stehenden Reiches gelang unter Aufbringung aller präsidialen Macht. Dabei erreichte die Entfremdung zwischen Friedrich Ebert und seiner Partei ihren Höhepunkt. Wenngleich die Verbindung vom Präsidentenpalais zur sozialdemokratischen Führungsspitze stets erhalten war, so nutzte Ebert nur wenige Gelegenheiten, um vor den Gremien oder Funktionären der SPD seine Politik zu rechtfertigen und um Verständnis für seine schwierige Position im Verfassungsspiel zu werben. Der Reichspräsident war eben nicht mehr der Parteipolitiker; Ebert verstand sich seit dem Februar 1919 auch nicht mehr als ein solcher. Dabei wirkte sich auch die Rückkehr der Rest-USPD, deren linker Flügel sich 1920 mit der KPD zusammengeschlossen hatte, zur SPD aus. Ebert sehnte die Wiedervereinigung der sozialdemokratischen Parteien herbei, doch bedeutete der Zusammenschluss vom Herbst 1922 für ihn eine Veränderung in den persönlichen Beziehungen zur Parteiführung. Das Bild der SPD veränderte sich. Sie war nicht mehr die Partei, aus der Ebert 1919 auf den Posten des Reichspräsidenten gewechselt war. Eberts Einfluss in der SPD ging während seiner Präsidentschaft zurück, und seine auf Große Koalition ausgerichtete Politik wurde geschwächt. Als Ebert im Juni 1923 an einen Parteifreund schrieb, dass der SPD die Vereinigung »ziemlich schwer im Magen« liege, so kennzeichnete das sicher auch sein eigenes Unwohlsein.

Mit der Zeit wuchsen die Konflikte mit der eigenen Partei. Denn in dem Moment, als die SPD nicht mehr an der Regierung beteiligt war, ergaben sich allein schon aus der Position des Reichspräsidenten im Verfassungsgeflecht und aufgrund Eberts überparteilicher Amtsauffassung fast zwangsläufig Dissonanzen. Darüber konnte auch der demonstrative Schutzschild, den die SPD-Führung auf dem Parteitag 1924 bildete, nicht hinwegtäuschen, als sie die von einigen unteren Parteigliederungen gestellten Anträge, den vormaligen Vorsitzenden Ebert wegen

> »[...] Ebert zum Beispiel ist mir bekannt. Ein grundangenehmer Mann, bescheiden-würdig, nicht ohne Schalkheit, gelassen und menschlich fest. In seinem schwarzen Röcklein sah ich ihn ein paar Mal, das begabte und unwahrscheinlich hoch verschlagene Glückskind, ein Bürger unter Bürgern, bei Festlichkeiten ruhig-freundlich sein hohes Amt darstellen [...], so gewann ich die Einsicht, für die ich Teilnehmer werben möchte, dass Demokratie etwas Deutscheres sein kann als imperiale Gala-Oper.«
>
> Thomas Mann in einer Rede am 13. Oktober 1922

seiner Einwilligung der Reichsexekution gegen Sachsen aus der SPD auszuschließen, gar nicht erst zur Abstimmung zuließ. Nach Jahrzehnten der Mitgliedschaft wurde er jedoch aus der Sattlergewerkschaft ausgeschlossen.

Der auch von Ebert immer wieder beklagten, ihn persönlich belastenden Distanz zwischen ihm und seiner Partei stand eine bis weit ins bürgerliche Lager reichende steigende Achtung gegenüber. Eberts Amtsführung war »Werbung für die Republik«, wie es Thomas Mann 1922 so treffend formulierte.

Der Schriftsteller darf in seiner Wertschätzung des sozialdemokratischen Reichspräsidenten durchaus als repräsentativ für das bürgerlich-demokratische Lager gesehen werden. Diese Anerkennung hatte sich Ebert durch seine überparteiliche Amtsführung und seine Bemühungen um Abbau der politischen Schranken erworben.

Konservative und Monarchisten erblickten in Ebert jedoch nichts weiter als einen auf den Thron verirrten Sattler. Bei ihnen blieben die Standesdünkel gegenüber dem ins höchste Staatsamt aufgerückten Handwerker, einem Vertreter der im Kaiserreich verfemten Sozialdemokratie, weiterhin bestehen. Andererseits stempelten intellektuelle Kritiker wie Kurt Tucholsky mit spitzer Feder Ebert zum Oberbürokraten und zum blutleeren »Papiermenschen«. Für den linkskritischen Publizisten Maximilian Harden erschien »Friderico Ebert« als Typus spießbürgerlicher Armseligkeit, der »Mundrevolutionär« und »Überpatriot«, der »Reichssattler«, dem er mangelnde Bildung und fehlendes geistiges Format attestierte, ein »Sozialdemokrat des Durchschnittwuchses«, ein »Schneidersohn, Sattlerlehrling, Schankwirth, Blättchenmacher, Parteisekretär, Fraktionkassirer«, unwürdig und unfähig, das höchste Staatsamt zu bekleiden. Diese brillant formulierten Giftpfeile galten dem Staatsoberhaupt, trafen letztlich aber auch die Republik und erwiesen damit der jungen Demokratie einen Bärendienst, indem sie ihr Ansehen schädigten. Dass die radikale Linke Ebert als Hampelmann in den Händen des Großindustriellen Hugo Stinnes wähnte, wie ihn der Karikaturist George Grosz einmal zeichnete, versinnbildlichte das gängige kommunistische Bild vom Reichspräsidenten als Arbeiterverräter und als Werkzeug der Großindustrie. Dieses Etikett begleitete Ebert schon seit dem Umbruch vom November 1918.

Dennoch ließ sich der Reichspräsident nicht beirren und warb weiter für die Demokratie. Seine Vorstellung von einer zukünftigen Gesellschaft ging in Richtung einer homogenen Volksgemeinschaft. Eberts Idee hatte wahrlich nichts mit der autoritären, ausgrenzenden und deformierten »Volksgemeinschaft« im Sinne der NS-Ideologie gemein. Er verstand unter der von ihm gebetsmühlenartig propagierten Gemeinschaft des Volkes politische Gleichheit, Freiheit, Einheit und Einigkeit. Es ging ihm darum, so schrieb er im Oktober 1922, die »Gegensätze auszugleichen und das Gefühl der Zusammengehörigkeit aller Schichten unseres Vaterlandes zu stärken«. In seinem Osterbrief an die Nationalversammlung 1919 mahnte er: »Lasst ab von der Selbstzerfleischung, überwindet Euch.« Solche Appelle durchzogen seine gesamte Amtszeit.

Unter diesem Ziel der Einheit standen auch Eberts Bemühungen um ein gedeihliches Miteinander zwischen Reich und Ländern. In den Wochen nach dem Novemberumsturz vermied er tunlichst eine Diskussion um die Länderneugliederung, in deren Zug zuvorderst die Kleinstaaten beseitigt und die erdrückende Dominanz Preußens gebrochen werden sollten. Er wollte diese schwierige Frage nicht aufgreifen; so blieb die territoriale Frage ungelöst. Aber er band die Länder in die Neuordnungsdebatte ein.

Im Übergang vom Kaiserreich zur Republik wandelte er sich von einem Zentralisten zu einem Föderalisten der Vernunft. Bei den Beratungen des Verfassungsentwurfs innerhalb des Rates der Volksbeauftragten am 14. Januar 1919 hielt er seinem sozialdemokratischen Kollegen Otto Landsberg, der entschieden für den Einheitsstaat plädierte, mit Hinweis auf die vorauszusehenden Widerstände aus dem Süden des Reiches entgegen, dass die Reichseinheit nur auf föderativer Grundlage gewährleistet sei. Als der Entwurf der Reichsverfassung aus der Feder des Liberalen Hugo Preuß, Staatssekretär des Reichsinnenministeriums, im Kreis der Vertreter der Bundesstaaten wegen zentralistischer Tendenzen auf Kritik stieß, glättete Ebert die Wogen mit der Versicherung, »dass ein einheitliches Reich nur auf dem Prinzip des Föderativstaates möglich« sei. Die Reichsregierung habe keineswegs die Absicht, »die Bundesstaaten zu vergewaltigen«.

Der Bogen dürfe allerdings nicht überspannt werden. Bei der Eröffnung der Nationalversammlung am 6. Februar 1919 prangerte er überzogene einzelstaatliche Interessen an: Deutschland dürfe »nicht wieder dem alten Elend der Zersplitterung und Verengung« anheim fallen.

Auch als Staatsoberhaupt verstand sich Ebert immer als ein Anwalt der Gliedstaaten. Seine erste Reise durch die deutschen Lande führte ihn im August/September 1919 in den Süden. Das machte Sinn, denn zum einen hatten Bayern, Württemberg und Sachsen durch die Reichsverfassung die Hoheit über ihre militärischen Kontingente verloren, die in der künftigen Reichswehr aufgehen sollten, zum anderen waren dort die gegen Berlin gerichteten Ressentiments am stärksten. Im Süden hatten die strengen Föderalisten ihr Zuhause, die sich durch die neue Reichsverfassung in ein zentralistisches Korsett gezwängt fühlten. So musste sich Ebert bei dieser ersten Reise der Kritik an der kurz zuvor verabschiedeten Verfassung stellen. Er warb um Verständnis, dass angesichts der katastrophalen Lage infolge des Krieges einiges in die Zuständigkeit des Reiches hatte überführt werden müssen: »Die Wahrung der Eigenheit unserer deutschen Stämme und die Wahrung des politischen staatlichen Eigenlebens der Einzelstaaten, die Vereinheitlichung des Reiches und die Wahrung der Stammeseigenschaften lassen sich sehr gut vereinigen.« In diesen Worten kam viel an Verständnis für die Sorgen der Länder zum Ausdruck, verpackt in eine zeitgemäße Wortwahl, wenn von »Stämmen« und »Stammeseigenschaften« die Rede war. Die Reise in den Süden entwickelte sich beileibe nicht zum Heimspiel für den Kurpfälzer, mochte er auch stets betonen, als »Süddeutscher von ganzem Herzen« Verständnis für den Eigenwillen seiner süddeutschen Landsleute zu besitzen. Es war für den Sozialdemokraten Ebert kein rhetorischer Spagat, gleichzeitig die Notwendigkeit der Stärkung der Zentralmacht zu unterstreichen. In der neuen Republik dürfe es keinen »schädlichen Partikularismus auf Kosten des großen Ganzen« mehr geben.

Einheit in der Vielfalt war die Kunde, und schon auf seinen ersten Reisen trat Ebert nicht als Mann des Zentralstaates auf, wie man es von einem in Berlin wirkenden Sozialdemokraten erwarten sollte. Er präsentierte sich als ein um Ausgleich bemühtes Staatsoberhaupt, versicherte den Ländern, dass es nicht Ziel der Reichsregierung sei, sie »in eine Art spanischen Stiefel einzuschnüren«, wie er das beim Antrittsbesuch in Dresden in so bildhafte Worte kleidete.

Wie bei seiner ersten Staffel von Reisen durch die süddeutschen Länder, der allerdings keine zweite durch die restlichen folgte, gab sich Ebert bei seinen öffentlichen Auftritten betont zurückhaltend. Dabei scheint er die Wirkungsmächtigkeit der Repräsentation ebenso wie die Chancen einer aktiven Öffentlichkeitsarbeit als zu gering eingeschätzt zu haben. Symbolpolitisch konnte das republikanische Staatsoberhaupt nicht einfach in die Fußstapfen des letzten Hohenzollern treten. Ebert wollte (und durfte) kein Imitator des Kaisers sein. Die säbelrasselnden Auftritte von Kaiser Wilhelm II. konnten nicht Orientierungsmarke für Eberts Repräsentation sein, auch wenn die Bevölkerung in ihrer Sehnsucht nach Glanz und Gloria diese als Messlatte anlegte.

Ebert versuchte durch einen jeglichen Persönlichkeitskult vermeidenden Stil die Republik im Bewusstsein der Bürger zu verankern. Er repräsentierte die neue Staatsordnung zurückhaltend. Der »öffentliche« Reichspräsident war nicht der impulsive, humorvolle und ironisierende Ebert, der er im kleinen vertrauten Kreis sein konnte. Es war nicht mehr der wortgewaltige, seine Anhängerschaft in den Bann ziehende sozialdemokratische Funktionär aus der Vorkriegszeit, der seinen Aufstieg innerhalb der Arbeiterbewegung vor allem auch seinem Redetalent zu verdanken hatte, sondern das spröde und allzu sachlich wirkende Staatsoberhaupt, das der Bevölkerung das Bild eines ernsten, ja biederen Zeitgenossen bot. Er versah sein Amt ohne Pose und Pathos, ohne brennende Reden und ohne nachhaltige symbolische Akte, die eine große Breitenwirkung hätten erzielen können.

Ebert war kein gekröntes Haupt in Uniform, das seine Untertanen kannten, den seine Untertanen einmal in ihrem Leben leibhaftig zu Gesicht bekommen wollten; er war der Vertreter der bürgerlichen, ach so glanzlosen Republik, die sich nicht in den Herzen der Bürger festgesetzt hatte. Stimmung zu entfachen, Jubel durch Gestik und Mimik herauszufordern, sich volksnah zu geben oder gar das »Bad in der Menge« zu suchen, lag ihm von seinem Naturell und seinem politischen Selbstverständnis her fern. Eine Aura umgab ihn nicht.

Eberts öffentliches Auftreten war über die Jahre hinweg (mit abnehmender Tendenz) wohldosiert, zahlenmäßig eher zu wenig als zu viel. Die doch zurückhaltende schlichte Repräsentation prägte das Bild des neuen Staatsoberhauptes in der Öffentlichkeit. Hier legte sich Ebert zu viel Zurückhaltung auf.

Bekam der Bürger der Weimarer Republik das Staatsoberhaupt nur bei wenigen Gelegenheiten leibhaftig zu sehen, so legte sich Ebert auch in anderen Bereichen seines öffentlichen Auftretens eine beinahe unverständliche Zurückhaltung auf. Einen Hoffotografen oder einen Hausberichterstatter, die ihn geschickt in Szene setzen, um ihn als Staatsoberhaupt zu popularisieren, besaß Ebert nicht. Es wurde zu wenig getan, um das Bild des Reichs-

Eine seltene Aufnahme des Reichspräsidenten, den die Öffentlichkeit zumeist in ernster staatsmännischer Pose zu sehen bekommt: ein gelöst wirkender Friedrich Ebert mit Berliner Kindern beim Empfang im Garten des Reichspräsidentenpalais in der Wilhelmstraße 73, den er für Vertreter der amerikanischen Kinderhilfe im Juni 1924 gibt.

präsidenten in der Bevölkerung durch Fotos und Presseartikel zu formen. Zu sehen bekam der Leser der illustrierten Zeitungen den Reichspräsidenten zumeist in gestellt wirkenden Ganz- oder Halbporträts, nicht ein einziges Mal hemdsärmlig volksnah.

Ebert und sein kleiner Beraterstab im Präsidentenpalais nutzten die Massenmedien nicht offensiv zur Popularisierung des Staatsoberhauptes und betrieben erst spät – zu spät und dann immer noch sehr vorsichtig – eine offensive Öffentlichkeitsarbeit. Das erklärt in weiten Teilen den sensationellen, gleichsam zweifelhaften »Erfolg« des berühmt-berüchtigten

Badehosen-Fotos von Ebert und Reichswehrminister Noske in der Ostsee. Der private Schnappschuss erschien in der »Berliner Illustrirten Zeitung« ausgerechnet am 21. August 1919, dem Tag der Vereidigung des Reichspräsidenten auf die neue Reichsverfassung, und erzielte eine ungeheure Wirkung. Denn auf das Badehosenbild reagierte die Weimarer Gesellschaft, die bisher den Prunk des kaiserlichen Deutschland gewohnt war, unerwartet schockiert. Das Bild – so schrieb der Schriftsteller Joseph Roth 1923 zutreffend – wurde »das wirkungsvollste, weil pöbelhaftestes Argument gegen die Republik«. Das Motiv wurde von den Republikgegnern in zahlreichen Variationen veröffentlicht und in einer Fülle von Karikaturen verfremdet.

Reichspräsident Friedrich Ebert und Reichswehrminister Gustav Noske beim Baden in der Ostsee, Mitte Juli 1919 in Haffkrug bei Travemünde. Der private Schnappschuss erscheint auf der Titelseite der größten illustrirten Zeitung: Die Ausgabe vom 24. August 1919 liegt bereits am 21. August vor, zum Tag der Vereidigung Friedrich Eberts auf die Verfassung.

Solchen Angriffen wurde publizistisch viel zu wenig gegengesteuert.

Ungeachtet der zurückhaltenden Repräsentation fehlte es nicht an Initiativen des Staatsoberhauptes, die Republik im Bewusstsein aller Deutschen fest zu verankern, die Identifikation mit der neuen Demokratie zu fördern und der Gesellschaft ein aus den demokratischen Traditionen geschöpftes geistiges Fundament zu geben. Es ging ihm darum, Orientierung zu bieten und Symbole zu schaffen, die die Schichten und Parteien einten.

Bereits bei der Eröffnung der Nationalversammlung hatte er den »Geist von Weimar«, den Geist Goethes und Schillers, als Leitbild für die Republik reklamiert und den Umsturz vom November 1918 in die Tradition der Revolution von 1848 gestellt.

> »[...] so müssen wir hier in Weimar die Wandlung vollziehen vom Imperialismus zum Idealismus, von der Weltmacht zur geistigen Größe. [...] Jetzt muss der Geist von Weimar, der Geist der großen Philosophen und Dichter, wieder unser Leben erfüllen.«
>
> Friedrich Ebert zur Eröffnung der Nationalversammlung am 6. Februar 1919

So förderte er nachdrücklich die 1923 in Frankfurt stattfindenden Feiern zum 75. Jahrestag der Paulskirchenversammlung von 1848. Auf dem Römerberg in Frankfurt, wo sich Zehntausende zu dieser Republikfeier zusammengefunden hatten, erlebte Ebert so etwas wie eine klassenübergreifende freiheitliche Bürgergesellschaft in Harmonie, jene von ihm immer wieder beschworene republikanische Volksgemeinschaft, die Einheit im Dienst der Demokratie – ein seltenes Hochgefühl bei seinen öffentlichen Auftritten.

Zum Verfassungstag 1922 proklamierte er das Deutschlandlied zur Nationalhymne. Dabei betonte er vor allem den Dreiklang von »Einigkeit und Recht und Freiheit« in der dritten Strophe. Weil Ebert dies so herausstellte, entwickelte sich in der Folgezeit eine (sich auch nach 1945 fortsetzende) Diskussion, ob nicht allein die dritte Strophe als Nationalhymne zu betrachten sei. Ebert machte sich weiterhin stark für die feierliche Begehung des Verfassungstages am 11. August, des Tages, an dem er 1919 im thüringischen Schwarzburg die Verfassung unterzeichnet hatte. An diesem Tag sollten die Republikaner Flagge zeigen. Aber angesichts der in verschiedene Teilkulturen aufgespaltenen Weimarer Gesellschaft konnte sie die angestrebte Integrationskraft nicht entfalten. Der Verfassungstag als Ersatz für den fehlenden Nationalfeiertag erlangte nicht den Charakter eines alle Schichten umfassenden Volksfestes. Viele zogen es vor, den Veranstaltungen fernzubleiben, und demonstrierten damit ihre Distanz zur Republik.

Zwei Badener bei der Verfassungsfeier im August 1922: Friedrich Ebert und hinter ihm Reichskanzler Joseph Wirth schreiten eine Ehrenkompanie ab.

Opfer der Verleumdungen

Mit diesen symbolischen Akten wollte der Reichspräsident Traditionen schaffen und für die neue Staatsordnung werben. Während es ihm wohl gelungen ist, den politischen Treibsand, die Unentschlossenen, für die Demokratie zu erwärmen, so erreichte er nicht die von der Weltrevolution träumenden und auf die Diktatur des Proletariats hinarbeitenden Kommunisten. Gegenüber seinem Werben ebenfalls immun zeigten sich auch die mit fest zementierten Vorbehalten gegen die bürgerliche Demokratie behafteten antirepublikanischen Monarchisten, die in der Republik nichts weiter als das verachtete System der »Novemberverbrecher«, eine Schöpfung der einstigen Reichsfeinde, erblickten. Als Staatsoberhaupt geriet Friedrich Ebert, der wie kein anderer Politiker mit der Republik identifiziert wurde, in das Fadenkreuz der Demokratiegegner. Die radikale Linke stempelte ihn wegen seines Kampfes gegen eine Räterepublik – und weil er in der Revolution im Bund mit den alten Mächten die Arbeiterbewegung unterdrückt habe – zum Arbeiterverräter und die radikale Rechte überzog in ihrem blindwütigen Hass gegen die Republik den Reichspräsidenten mit einer unglaublichen Verleumdungskampagne.

Die Diffamierung des Staatsoberhauptes wurde geradezu salonfähig. Die politische Kultur verrohte zunehmend. Die radikale Presse stellte ungeheure Behauptungen über Ebert auf. Aus seinem Lebensweg von der Heidelberger Pfaffengasse zur Wilhelmstraße in Berlin, vom Sattlergesellen in Heidelberg und Gastwirt in Bremen zum Reichspräsidenten schöpften die Demokratiegegner enormen Stoff für Häme in Wort und Bild. Es kursierten Gerüchte von Bestechlichkeit, persönlicher Bereicherung, von Trunksucht und unsittlichem Lebenswandel. Die Verleumdungsmaschinerie machte nicht einmal vor seiner Frau Louise Halt, die ebenfalls Objekt übler Nachrede wurde.

Zunächst schenkte Ebert derartigen Angriffen wenig Beachtung, doch nach den von Rechtsradikalen verübten Morden an den Ministern Matthias Erzberger (1921) und Walther Rathenau (1922) erstattete er gegen die Urheber der Beleidigungen in verstärktem Maße Anzeige. 200 Prozesse wurden von ihm geführt. Die Beleidigungsklage erwies sich jedoch im Kampf um das Ansehen der Republik als eine stumpfe Waffe gegen das planmäßige Kesseltreiben.

Besonders verletzend wirkte der Vorwurf des Landesverrats. Das war die auf Ebert gemünzte Fortsetzung der Dolchstoßlegende, die das politische Klima der Weimarer Republik so nachhaltig vergiftete. Mit ihr wurde die Schuld an der Kriegsniederlage der organisierten Arbeiterbewegung in die Schuhe geschoben, die der Truppe an der Front durch revolutionäre Aktionen im Innern in den Rücken gefallen sei. Die rückwärtsgewandten Monarchisten, die die Republik verachteten, bedienten sich ihrer nur allzu gern, denn damit konnte die politische und militärische Führung des Kaiserreiches von der Verantwortung für die Kriegsniederlage und deren Folgen, insbesondere für den als nationale Demütigung empfundenen Versailler Vertrag, entbunden werden. In die Bemühungen, die Schuld den neuen republikanischen Politikern anzulasten, fügte es sich nur zu gut ein, den Reichspräsidenten als Landesverräter an den Pranger zu stellen. Konkret spielten die Verleumder auf den großen Streik der Berliner Arbeiter im Januar 1918 an. Damals war der SPD-Parteivorsitzende Ebert mit dem Ziel in den Streikausschuss getreten, den Ausstand ohne Schaden für das Reich und ohne negative Folgen für die Streikenden beenden zu können. Dies war ihm jedoch wegen der unnachgiebigen Haltung der Regierung nicht gelungen.

Der spektakulärste Landesverratsprozess fand in Magdeburg statt. Von den Rechten als Tribunal gegen die Republik missbraucht, endete er am 23. Dezember 1924 mit einem Skandal. In der Urteilsbegründung stellten die Richter fest, dass die Streikbeteiligung im Januar 1918 den Tatbestand des Landesverrats erfüllen würde. Das traf den Patrioten Ebert zutiefst. Jeder antidemokratische Schreibtischtäter und Stammtischbruder konnte von nun an das republikanische Staatsoberhaupt ungestraft »Landesverräter« schimpfen. Ebert durfte den Vorwurf nicht auf sich sitzen lassen.

> »Dem weiteren Lauf des Prozesses sehe ich mit ruhigem Gewissen entgegen. Persönlich brauchte ich wahrlich keine gerichtliche Feststellung gegen verleumderische Schmutzereien; es war nur das Staatsinteresse, das mich zu diesem Schritt veranlasste. Staatsinteresse und Rechtspflege scheinen heute aber schlecht miteinander zu vereinbaren zu sein.«
>
> Friedrich Ebert an die
> DVP-Politikerin Katharina von Oheimb, 24. Dezember 1924

Er drängte daher auf eine Berufungsverhandlung, um das erstinstanzliche Urteil aufheben zu lassen, denn es brachte die gesamte Republik in Misskredit, da ihr damit das Odium der Unrechtmäßigkeit, der Geburt aus dem Verrat, anhaftete.

Bis zum Magdeburger Prozess galt es als sicher, dass Friedrich Ebert bei der im Frühjahr 1925 anstehenden Volkswahl des

Reichspräsidenten ins Rennen gehen würde, zumal seine Partei, die sich im Zuge der rechtsradikalen Hetzkampagne wieder mit ihm versöhnt hatte, Ebert als ihren Kandidaten nominieren wollte. Das Urteil sorgte jedoch bei ihm für einen Meinungsumschwung. Er tendierte dazu, sich nach Jahren der extremen politischen Belastung ins Privatleben und in seine Geburtsstadt Heidelberg zurückzuziehen.

Zur Kurpfalz fühlte sich Ebert, Mitglied im »Verein der Badener in Berlin«, stets hingezogen und verband Dienstreisen in den Süden immer wieder mit Kurzbesuchen seiner Heimatstadt. Er verbrachte seine Urlaube regelmäßig in Freudenstadt im Schwarzwald. 1921 und 1924 weilte er zu mehrwöchigen Kuren im württembergischen Bad Mergentheim, um sein jahrelanges Gallenleiden zu kurieren, das ihn bereits während des Krieges gepeinigt hatte. Als er 1916 nach einem Vortrag zusammengebrochen war, hatte er eine Operation gerade noch umgehen können.

Im Juni 1922 fand der Urlaub in Freudenstadt ein jähes Ende, als ihn die Nachricht vom Attentat auf Walther Rathenau erreichte. Noch am selben Abend wurde Ebert von einer schweren Gallenkolik heimgesucht. Gegen ärztlichen Rat reiste er unter schmerzstillenden Morphinspritzen nach Berlin, um im Reichstag – unter großen Qualen – die Gedenkrede auf den ermordeten Außenminister zu halten. Zu Pfingsten 1924, als er kurzzeitig in der Schorfheide nördlich von Berlin weilte, bekam Ebert wieder einen Anfall. Dort pflegte er in einer Jagdhütte Erholung vom politischen Tagesgeschäft zu suchen. In der Abgeschiedenheit des Werbellinsees konnte sich Ebert ausruhen und zur Jagd gehen. Aber das waren nur kurzzeitige Entspannungsphasen in einem ansonsten von einem aufreibenden politischen Tagesgeschäft geprägten Leben.

> »Mir war mein Lebensweg nie mit Rosen bestreut. Ich wünsche das auch nicht in Zukunft. Gleichwohl werde ich meine Straße weiter ziehen, sicher und fest, mit frohem Mut und gutem Gewissen!«
>
> Friedrich Ebert an die
> DVP-Politikerin Katharina von Oheimb, 24. Dezember 1924

Der Traum vom geruhsamen Lebensabend in Heidelberg erfüllte sich jedoch nicht, denn Ebert wurde indirekt das Opfer der Verleumdungen. Nach dem Urteil im Prozess von Magdeburg klagte er über gesundheitliche Beschwerden. Sein Hausarzt diagnostizierte zunächst Gallenkoliken, an denen der Patient seit Jahren litt, nicht etwa eine Blinddarmentzündung, wie sie tatsächlich vorlag. Nachdem Ebert sich dem Rat einer Kur verweigert hatte, um erst den Berufungsprozess hinter sich zu bringen, trat am 23. Februar 1925 eine dramatische Verschlechterung seines Gesundheitszustandes ein. Noch in derselben Nacht wurde er im Berliner West-Sanatorium operiert – zu spät, wie sich herausstellen sollte. Am 28. Februar 1925 gegen 10.15 Uhr starb Friedrich Ebert. Es kann kein Zweifel bestehen, dass die Hetzkampagne gegen ihn mit zu seinem frühen Tod im Alter von 54 Jahren beigetragen hatte. Nach dem Bericht des Hausarztes hatten die durch den Magdeburger Prozess verursachten »seelischen Aufregungen« die Widerstandskraft des Kranken so geschwächt, dass er die Operation nicht habe überstehen können.

In einer bewegenden republikanischen Trauerfeier nahm Berlin am 4. März Abschied von Ebert. Eine unüberschaubare Menge – Schätzungen sprechen von einer Million Menschen – säum-

Die Trauerfeier in Berlin: Wahre Massen nehmen daran teil.

te den Weg des Trauerzuges. Am nächsten Tag wurde er auf dem Bergfriedhof in Heidelberg beigesetzt. Hier endete der Weg eines Politikers, der sich die Verwirklichung der sozialen Demokratie in Deutschland zum Lebensziel gemacht hatte. In der Revolution hatte der sozialdemokratische Reformpolitiker Friedrich Ebert den Weg zur Republik geebnet und konsequent am Vorrang der demokratisch-parlamentarischen Ordnung festgehalten. Als Staatsoberhaupt der Republik verstand er sich als Präsident aller Deutschen, nicht als Vorkämpfer und Interessenvertreter einer einzigen Partei. Geleitet von diesem Amtsverständnis, sah er es als seine zentrale Aufgabe, die Demokratie funktionstüchtig zu halten.

Der Tod des Heidelbergers Friedrich Ebert gab führenden Politikern Badens Gelegenheit, an die Herkunft des Reichspräsiden-

Opfer der Verleumdungen

ten zu erinnern. In seinen Beileidsworten an die Witwe sprach der badische Staatspräsident Willy Hellpach davon, dass das Land Baden mit Ebert »einen seiner besten Söhne« verloren habe. Bei der Beisetzung würdigte der Präsident des Karlsruher Landtages, Eugen Baumgartner, Eberts Verdienste um die Demokratie und nahm den ersten Reichspräsidenten in die Reihe der großen Badener auf: »Badens Volk ist stolz auf seinen großen Sohn, sein Wirken wird ihn für Deutschland unsterblich machen.«

Vierzehn Tage vor dem Tod Eberts hatte der »Vorwärts«, die zentrale SPD-Zeitung, seine Leser an den sechsten Jahrestag seiner Wahl zum Reichspräsidenten erinnert. Der »Genosse Ebert« habe in einer nie dagewesenen Krise eine so schwere Aufgabe geschultert, wie sie zuvor kaum ein anderer verantwortlicher Politiker auferlegt bekommen habe: »Härteste Bedrängnis von außen, tiefste Erschütterung im Innern, soziale Nöte, drohender Zerfall, das waren die Zeichen, unter denen Ebert sein Amt antrat. Es kam die Entscheidung über Oberschlesien, das Londoner Ultimatum, der Ruhrkampf, es kamen die Putsche von links, die Putsche von rechts, die politischen Morde, der Separatismus im Westen und in Bayern, es kamen Hungerkrawalle und Inflation.« Die Analyse von Ausgangsbedingungen und Belastungen in Eberts Amtszeit konnte in dieser Kürze präziser nicht sein. Für die Leistung ihres ehemaligen Vorsitzenden an der Spitze der Republik zollte die Partei Respekt: »Eberts Aufgabe war es zu verhindern, dass die Krisen zu Katastrophen wurden.«

Die Krisen waren in der Tat nicht zu Katastrophen ausgewachsen. Zum Zeitpunkt des Todes des ersten Reichspräsidenten 1925 befand sich die Republik von Weimar – auch dank der Politik Friedrich Eberts – nach Jahren der tiefen Krisen in einer

Phase der relativen Stabilität. Friedrich Ebert hatte im Wesentlichen das getan, was ein Staatsoberhaupt in einer segmentierten, innerlich wenig befriedeten, äußerlich nachhaltig bedrängten Republik mit sozialen Schieflagen hatte tun können, überhaupt zu tun in der Lage war, wenn es sich dem demokratischen Ideal in aller Konsequenz und mit Entschiedenheit verpflichtet fühlte. Die Republik von Weimar verlor mit dem ersten Reichspräsidenten ihren Vorkämpfer und einen ihrer Stützpfeiler. Seinen Grabstein auf dem Heidelberger Bergfriedhof ziert der Wahlspruch, den er sich 1919 zum Leitbild erkoren hatte: »Des Volkes Wohl ist meiner Arbeit Ziel.« Unter diesen Worten stand seine Politik, die – nicht frei von Fehlern – in ihrer Gesamtheit unter den vielfältigen Belastungen doch erfolgreich und wegbereitend war, um den Sozialdemokraten und republikanischen Staatsmann zu den Ahnherren der deutschen Demokratie zu zählen.

Grabstein Friedrich Eberts auf dem Heidelberger Bergfriedhof mit seinem Leitspruch: »Des Volkes Wohl ist meiner Arbeit Ziel.«

Das Bild Friedrich Eberts
in der politischen Erinnerung und
der historischen Forschung

Friedrich Eberts früher, als tragisch aufgefasster Tod prägte sein Bild in der Nachwelt bis weit in die Bundesrepublik hinein. Der erste Bundespräsident Theodor Heuss bezeichnete ihn als den »Abraham Lincoln der deutschen Geschichte«. Die Urheberrechte des bald zum geflügelten Wort werdenden Vergleiches, den Heuss bereits 1925 in einem Nachruf auf Ebert verwandt hatte, liegen beim britischen Blatt »Observer«, das im Herbst 1923 Eberts Bemühungen um den Erhalt des Reiches mit denen des US-Präsidenten um die Einheit der Vereinigten Staaten in der Sezessionszeit verglich.

In der Erinnerungskultur der Sozialdemokratie von Weimar, die unmittelbar nach Eberts Tod die »Friedrich-Ebert-Stiftung« zur Förderung studierender Arbeiterkinder begründete, wurde der erste Reichspräsident zum Symbol, gerade auch im Vergleich zu seinem Nachfolger, dem kaiserlichen Heerführer Paul von Hindenburg. Aber zu einem parteiübergreifenden Mythos entwickelte sich Ebert nicht. Die Nationalsozialisten dagegen versuchten, das Andenken an den verhassten »Novemberverbrecher« Ebert zu tilgen. Sein Name lebte jedoch fort in Kreisen des Widerstandes und des Exils und rückte nach dem Zweiten Weltkrieg wieder stärker in das politisch-historische Bewusstsein, ohne dass er breite Bekanntheit erlangte.

Auch wissenschaftlich blieb Friedrich Ebert bis auf wenige

> »Dass wir nicht als Partei alles billigen, was ein Reichspräsident an Verantwortung auf sich nehmen muss, ist selbstverständlich [...]. Wenn später einmal ein Historiker die Periode objektiv zu beurteilen versuchen wird, in der unser Ebert an der Spitze der deutschen Republik gestanden hat, dann wird er feststellen, mit wie viel Einsicht und Takt er dieses Amtes gewaltet hat. Es wird ewig eine Ehre für die Sozialdemokratische Partei sein, dass sie unter so schwierigen Verhältnissen [...] aus ihren Reihen den Mann stellte, der so gewirkt hat wie Ebert.«
>
> Hermann Müller (SPD-Vorsitzender)
> auf dem SPD-Parteitag, 13. Juni 1924

lebensgeschichtliche Annäherungen und populärwissenschaftliche Studien lange im Schatten. Erst zu seinem 100. Geburtstag im Jahr 1971 erschien eine erste, auf einer breiteren Quellengrundlage beruhende Gesamtbilanz von Leben und Werk, vom Autor Peter-Christan Witt bescheiden als biografischer Versuch annonciert. Seit den Schriften zu diesem Jubiläum hat sich zwar einiges getan, doch wurde Ebert nicht zum Gegenstand einer breit angelegten wissenschaftlichen Biografie.

Das lag zum einen an dem Fehlen eines Nachlasses, zum anderen an der Persönlichkeit. Eine überragende, weithin strahlende Gestalt, deren Weg durch Brüche und Wandel gekennzeichnet ist und die zu einer historischen Analyse reizt wie etwa Gustav Stresemann oder Walther Rathenau, war Friedrich Ebert nicht. Bei Ebert gibt es keinen fundamentalen Wechsel seiner Politik. Er besaß nicht das Charisma eines großen Politikers,

Das Bild Friedrich Eberts

das Historiker an prägenden geschichtlichen Figuren gemeinhin so fasziniert. Neben der zu einer historischen Betrachtung wenig reizenden Persönlichkeit wirkte es sich auch als hemmend aus, dass kein Nachlass überliefert ist. Ebert hatte in den 1920er Jahren einen Großteil seiner Papiere selbst vernichtet. Der Rest verbrannte in einer Bombennacht 1943.

So blieb Ebert bis in die heutigen Tage weniger als Reichspräsident, sondern vielmehr als Politiker der Revolutionszeit in Erinnerung. Seine historische Einordnung wird auch heute noch weithin von den tradierten Klischeebildern seiner Haltung in den Monaten der Revolution dominiert.

Nach dem Zweiten Weltkrieg wurde er jenseits der historischen Wissenschaft zunächst als derjenige gesehen, der während der Revolution den Weg hin zur Demokratie gebahnt und Deutschland vor einer »Bolschewisierung«, einer Rätediktatur

Zwei Politiker einer Generation: Reichspräsident Friedrich Ebert (l.) mit dem knapp fünf Jahre jüngeren Kölner Oberbürgermeister Konrad Adenauer auf der Kölner Messe im Mai 1924. Adenauer krönt seine politische Karriere erst 25 Jahre später: 1949, im Alter von 73 Jahren, wird er zum ersten Bundeskanzler der Bundesrepublik Deutschland gewählt. Friedrich Ebert ist fast ein Vierteljahrhundert zuvor, bereits mit 54 Jahren, verstorben.

nach russischem Vorbild, bewahrt hatte. Solches Urteil untermauerte die in der Adenauerzeit dominierende konservativ ausgerichtete Forschung, die Ebert durchweg positiv bewertete, mitunter gar idealisierte. Diese Interpretationen fanden ihren Niederschlag in den Handbüchern zur Geschichte und in den westdeutschen Schulbüchern bis weit in die 1980er Jahre hinein.

In der DDR hingegen wurde Ebert – ganz in der Tradition der kommunistischen Verdammung zu seinen Lebzeiten – aufgrund seines Kampfes gegen eine Räterepublik und für die parlamentarische Demokratie sowie wegen der Kooperation mit den alten Eliten als »Arbeiterverräter« verunglimpft. Das blieb eine Konstante, wenn auch mit zyklisch unterschiedlicher Intensität vorgetragen. Der Sohn des ersten Reichspräsidenten, Friedrich Ebert jr., führendes SED-Mitglied und langjähriger Oberbürgermeister von Ost-Berlin, teilte zwar die kritische Einschätzung der Rolle seines Vaters, vor allem in der Revolution 1918/19, wies aber das Verdikt vom »Arbeiterverräter« strikt zurück.

Während die Nachfahren im Osten Deutschlands nicht auf das Urteil über Ebert in der DDR einwirken konnten, gab es vom westdeutschen Zweig der Familie, von seiner Witwe Louise und seinem Sohn Karl, keine nachhaltigen Bemühungen, das Bild Friedrich Eberts zu prägen oder zu beeinflussen.

In der Bundesrepublik wandelte sich im Zuge einer intensiven Betrachtung der Revolutionsperiode die Beurteilung Eberts. Die in den 1960er Jahren einsetzende, in erster Linie linkssozialdemokratische Forschung förderte zutage, dass die bis dahin als radikal oder kommunistisch eingestuften Arbeiter- und Soldatenräte in der Mehrheit sozialdemokratisch orientiert gewesen waren und Eberts Weg in die parlamentarische Demokratie mitgetragen hatten. Eine Umformung nach sowjetrussischem

Friedrich und Louise Ebert in den Straßen von Berlin am 6. Juni 1920 auf dem Weg zur Stimmabgabe bei der Reichstagswahl.

Vorbild habe 1918/19 daher gar nicht auf der Tagesordnung gestanden; es sei nicht um die Alternative zwischen Demokratie oder Rätediktatur gegangen. Unter diesem Blickwinkel wurde Eberts Politik in ein vollkommen anderes Licht gestellt. Er verlor seinen Nimbus als Retter vor dem Bolschewismus.

Diese neue Forschung machte, immer nach Erklärungen für das Ende der Republik 1933 suchend, Versäumnisse der Revolutionsregierung bei der Grundsteinlegung der Demokratie aus. Die Sozialdemokratie, insbesondere ihre Galionsfigur Ebert, habe es verpasst, in der gemeinhin als »offen« bezeichneten Zeit zwischen dem 9. November 1918 und der Konstituierung der Nationalversammlung am 6. Februar 1919 vorbeugende Strukturmaßnahmen zur Absicherung der parlamentarischen Demokratie in Angriff zu nehmen. Ebert sei in einem überzogenen Ordnungsdenken gefangen gewesen; ihm habe die in Revolutionszeiten unentbehrliche politische Phantasie und eine klare Zukunftsperspektive gefehlt.

Leitmotivisch ging es dabei um die Untermauerung der These, dass in der Phase des Umbruchs zu wenig Reformen verwirklicht worden waren, um der ersten deutschen Demokratie ein solideres Fundament zu geben. So sei die Zusammenarbeit mit den alten Kräften in Verwaltung und Militär weit über das erforderliche Maß hinausgegangen und als notwendig angesehene Strukturreformen seien gar nicht erst versucht worden. Unter der Formel von den verpassten Chancen wurden – mitunter in romantischer Verklärung der als basisdemokratisch charakterisierten Rätebewegung – die Arbeiter- und Soldatenräte als ein wirkungsmächtiges Potential gesehen, das Ebert und die Revolutionsregierung fahrlässigerweise nicht für eine als unerlässlich erachtete Erneuerung von Politik, Wirtschaft und

Gesellschaft in die Waagschale geworfen hätten. Diese Interpretation griff weit, doch vermochte die neue Forschung damit zentrale Fragen nicht zu beantworten. Wie hätte dieses Potential, das keineswegs demokratisch legitimiert war, eingesetzt werden sollen? Waren Reformen wie die Sozialisierung der Großindustrie tatsächlich unabdingbar für das Überleben der Republik? Offen blieb auch die zentrale Frage, ob eine konsequentere Reformpolitik während der Revolution die Republik tatsächlich stabiler gemacht hätte. Es gibt gute Gründe für die Annahme, dass bei massiven Eingriffen in Wirtschaft und Gesellschaft eine Gegenrevolution die Demokratie erstickt hätte, bevor diese überhaupt das Licht der Welt hätte erblicken können. So ist vieles Hypothese: Die Frage »Was wäre wenn?« lässt sich nicht allgemeingültig beantworten.

Ungeachtet vieler spekulativer Folgerungen wurden weit über die historische Wissenschaft hinaus Unterlassungen Eberts und der Volksbeauftragten zu entscheidenden Fehlern der Republik erklärt und für ihren Untergang in die Diktatur verantwortlich gemacht. Eine solche Sicht gewichtet die Rahmenbedingungen in der Revolutionszeit und das zeitlich enge Korsett zu gering, ignoriert vollkommen Eberts demokratisches Grundprinzip, allen Bürgern Mitentscheidungsrechte einzuräumen, und seine politische Vision, die parlamentarische Republik. Das war sein Ziel; dieses unter den desolaten Ausgangsbedingungen des 9. November 1918 überhaupt erreicht zu haben, war schon sehr viel.

Trotz einer doch unterschiedlichen Bewertung der Zeit Eberts während der Revolution: Ein »Historikerstreit um Friedrich Ebert«, den der sozialdemokratische »Vorwärts« 1989 am 70. Jahrestag der Wahl Eberts zum Reichspräsidenten am Horizont heraufziehen sah, brach nicht aus. Dazu eignen sich Ebert und sein politisches Wirken nicht, wenngleich von einer einmütigen Beurteilung nicht die Rede sein kann, auch nicht des Reichspräsidenten Ebert, dessen Bild in den Darstellungen zur Republik zumeist grobkörnig und unterbelichtet blieb.

Während bei einer intensiven Betrachtung der Revolutionsmonate Politik und Strategie Eberts in dieser Phase weitgehend ausgeleuchtet und – wenn auch uneinheitlich – beurteilt wurden und auch sein Weg in die Verantwortung 1918/19 über biografische Teilstudien als hinreichend erforscht gelten darf, blieb die Darstellung des Reichspräsidenten auffallend blass. Eben weil eine in die Tiefe gehende wissenschaftliche Auseinandersetzung über die Präsidentenzeit nicht erfolgte, konnte Ebert zu einer Chiffre für die Sozialdemokraten und die Sozialdemokratie von Weimar reduziert werden, die den gestellten Herausforderungen nicht gewachsen gewesen seien, also schlichtweg restlos versagt hätten. Mitunter galt Ebert in der historisierenden Publizistik als das typische Beispiel für den kleingeistigen, phantasiearmen sozialdemokratischen Biedermann im Regierungsamt. Es tauchten zyklisch aufgrund ihrer Prägnanz immer wieder gern verwandte plakative Etikettierungen auf: »Ein deutscher Lincoln oder der Stalin der SPD« – titelte »DIE ZEIT« zum 50. Todestag Eberts 1975. Diese Charakterisierungen waren ebenso griffig wie falsch. Derartige Vergleiche mit anderen historischen Persönlichkeiten dienten lediglich der Festlegung Eberts auf eine möglichst einprägsame Formel.

Wissenschaftlich war, soweit es die Zeit der Reichspräsidentschaft betrifft, lange Zeit Fehlanzeige zu vermelden. Erst 2006 erschien eine umfassende, auf der Basis weit verstreuter Quellen angefertigte biografische Studie mit den Jahren als Staatsoberhaupt im Zentrum, die mit vielen der liebgewordenen Legenden aufräumte *(Walter Mühlhausen: Friedrich Ebert 1871–1925. Reichspräsident der Weimarer Republik, Bonn, 2. Aufl. 2007)*. Bei der Bewertung Eberts und seiner Politik in den Krisen floss vor allem auch die Betrachtung von Umbrüchen neuerer Zeit ein. Denn die Dauerhaftigkeit der Probleme im Zuge der Wiedervereinigung nach 1990 schärfte den Blick für die ungleich schwierigeren Problemlagen am Ende des Ersten Weltkrieges mit all seinen Verwerfungen, auf den Hochdruck der Entscheidungen in der Revolution 1918/19 und die fragilen Anfangsjahre der Republik, zu deren Akzeptanz die zügigen wirtschaftlichen und politischen Erfolge eben fehlten, die die Bundesrepublik vorweisen konnte. Viel stärker wurden nun – über die Biografie Eberts hinaus – in den Darstellungen zur Geschichte der Weimarer Republik die Handlungszwänge bei der Einordnung der von Ebert dominierten mehrheitssozialdemokratischen Politik in Rechnung gestellt. Damit erscheint auch der Volksbeauftragte und erste Reichspräsident in einem weitaus positiveren Licht. Es wird nun vor allem stärker hervorgehoben, dass es trotz der desolaten und äußerst schwierigen Situation am Ende des Krieges gelungen war, den Grundstein für eine parlamentarische Demokratie zu legen. Betont wird ebenfalls, dass die Republik am Ende seiner Präsidentschaft durchaus die Chance hatte, sich zu einer stabilen Demokratie zu entwickeln – kurzum: Der Untergang der Republik 1933 war nicht eine zwangsläufige Folge von 1918/19. Es bleibt abzuwarten, wie sich diese Sichtweise in der Forschungslandschaft auf Dauer niederschlagen wird.

Kurz vor dem Untergang der DDR öffnete in Heidelberg die Ausstellung in der Reichspräsident-Friedrich-Ebert-Gedenkstätte ihre Tore. Die Geschichte der Gedenkstätte reicht bis in die 1960er Jahre zurück. Im Mai 1962 wurde auf Initiative der Friedrich-Ebert-Stiftung und der Stadt Heidelberg in der Geburtswohnung Eberts eine Ausstellung errichtet. 1982 setzten Bestrebungen ein, diese zu einer nationalen Gedenkstätte zu erweitern. Dabei zeigte sich, dass Friedrich Ebert nicht zu den allgemein anerkannten historischen Persönlichkeiten zählte. Gegen die Stimmen der Grünen verabschiedete der Deutsche Bundestag im Dezember 1986 das Gesetz zur Errichtung der »Stiftung Reichspräsident-Friedrich-Ebert-Gedenkstätte«. Damit nahm sich die Bundesrepublik auch institutionell der Erinnerung an Friedrich Ebert an.

Herzstück der Gedenkstätte in Heidelberg ist die kleine Wohnung, in der Friedrich Ebert als Sohn eines Schneidermeisters 1871 geboren worden war. Hier lagen die Wurzeln des Badeners, der als Gründer und Garant der ersten Demokratie seinen Platz im historisch-politischen Traditionshaushalt der Bundesrepublik Deutschland gefunden hat.

Die Stiftung Reichspräsident-Friedrich-Ebert-Gedenkstätte in Heidelberg

Die Stiftung zu Ehren des ersten Reichspräsidenten wurde am 19. Dezember 1986 durch einen Beschluss des Deutschen Bundestages errichtet. Die bundesunmittelbare Stiftung öffentlichen Rechts hat laut Gesetz die Aufgabe, »das Andenken an den ersten deutschen Reichspräsidenten Friedrich Ebert zu wahren und einen Beitrag zum Verständnis der deutschen Geschichte seiner Zeit zu leisten«.

Die Gedenkstätte um Friedrich Eberts Geburtswohnung in der Pfaffengasse wurde am 11. Februar 1989, dem 70. Jahrestag der Wahl Eberts zum Reichspräsidenten, mit der Eröffnung der Ausstellung »Friedrich Ebert – Sein Leben, sein Werk, seine Zeit« eingeweiht. Die gegenwärtige Dauerausstellung mit dem Titel »Vom Arbeiterführer zum Reichspräsidenten – Friedrich Ebert (1871–1925)« wurde im Juli 2007 mit neuen Inhalten und in neuen Präsentationsformen eröffnet. Über die Heidelberger Gedenkstätte hinaus sind es vor allem zwei Wanderausstellungen, mit der die Stiftung direkt »vor Ort« ihrem Auftrag

Die Küche der Geburtswohnung Friedrich Eberts in der Heidelberger Pfaffengasse.

gerecht wird, und zwar mit der 1995 eröffneten Ausstellung über Friedrich Ebert und seine Zeit sowie der 2003 entstandenen über »Die Reichskanzler der Weimarer Republik – Zwölf Lebensläufe in Bildern«.

Zentrales Anliegen der Stiftung ist die politische Bildung. Mit einem vielschichtigen Veranstaltungsangebot, darunter weit mehr als 50 Sonderausstellungen, die in Heidelberg gezeigt wurden, hat sich die Gedenkstätte in den 20 Jahren ihres Bestehens als ein lebendiger Lernort deutscher Demokratiegeschichte etabliert. Das findet seinen Ausdruck in einer stetig wachsenden Zahl von Besuchern, in der anerkannten Forschungs- und Publikationstätigkeit sowie in der Vielzahl und Bandbreite ihrer politisch-historischen Bildungsaktivitäten, vor allem mit Schülerinnen und Schülern. Die Besucherzahlen der Gedenkstätte haben sich mit rund 60 000 pro Jahr auf hohem Niveau eingependelt. 2008 konnte der 1 000 000ste Besucher begrüßt werden.

Blick in Raum 1 der Dauerausstellung.

Stiftung Reichspräsident-Friedrich-Ebert-Gedenkstätte
Verwaltung: Untere Straße 27 • Museum: Pfaffengasse 18
69117 Heidelberg
Tel.: 0 62 21 / 91 07-0 • Fax: 0 62 21 / 91 07-10
www.ebert-gedenkstaette.de • friedrich@ebert-gedenkstaette.de

Zeittafel

4.2.1871	Geburt in Heidelberg als siebtes von neun Kindern des Schneiders Karl Ebert (1834–1892) und seiner Ehefrau Katharina, geb. Hinkel (1834–1897); drei Geschwister sterben im Säuglings- und Kleinkindalter
19.3.1871	Katholische Taufe
1877–1885	Besuch der Volksschule
1878–1890	Sozialistengesetz zur Unterdrückung der Sozialdemokratie
1885–1888	Sattlerlehre
1889–1891	Wanderschaft; Stationen u. a. Hannover, Kassel, Wesel, Quakenbrück
1889	Eintritt in die sozialdemokratische Partei und die Sattlergewerkschaft
Mai 1891	Ankunft in Bremen; Tätigkeit als Sattler
1893/94	Redakteur der sozialdemokratischen »Bremer-Bürger-Zeitung«
2.3.1894	Wahl zum Vorsitzenden des sozialdemokratischen Vereins in Bremen (bis 1896)
13.4.1894	Übernahme einer Gastwirtschaft (bis 1900)
9.5.1894	Eheschließung mit der Arbeiterin Louise Rump (23.12.1873–18.1.1955); Kinder: Friedrich (1894–1979), Georg (1896–1917), Heinrich (1897–1917), Karl (1899–1975) und Amalie (1900–1931)
11.–16.10.1896	Erstmalige Teilnahme an einem SPD-Parteitag (in Gotha)
16.6.1898	Deutliche Niederlage bei der Reichstagskandidatur im 3. Oldenburgischen Wahlkreis (Delmenhorst)
15.12.1899	Wahl in die Bremer Bürgerschaft (Landtag), Mitglied bis 1905; SPD-Fraktionsvorsitzender
19.12.1899	Wahl zum Arbeitersekretär, Tätigkeit bis 1905
16.6.1903	Kandidatur für den Reichstag im 18. Hannoverschen Wahlkreis (Stade); Niederlage in der Stichwahl (25.6.)
14.–20.8.1904	Teilnahme am Internationalen Sozialistenkongress in Amsterdam
18.–24.9.1904	Ebert ist einer von zwei Vorsitzenden des SPD-Parteitages in Bremen

24.9.1905	Mit 174 von 283 Stimmen Wahl zum Sekretär des SPD-Parteivorstandes auf dem Parteitag in Jena
1.12.1905	Umzug nach Boxhagen-Rummelsburg (Berlin); ab 1909 wohnhaft in (Berlin-)Treptow
1905–1913	Mitglied des SPD-Parteivorstandes
29.9.1906	Tod des Bruders Oskar (*1867)
23.10.1906	Erneute Kandidatur bei der Reichstagswahl im 18. Hannoverschen Wahlkreis; Niederlage in der Stichwahl (1.11.)
3.6.1908	Vergebliche Kandidatur im 3. Berliner Wahlkreis bei der Wahl zum preußischen Abgeordnetenhaus
Dez. 1908	Vorsitzender der Zentralstelle für die arbeitende Jugend Deutschlands
20.6.1909	Tod der Schwester Mathilde (*1876)
28.8.–3.9.1910	Teilnahme am Internationalen Sozialistenkongress in Kopenhagen
16.9.1911	Trotz Verzichts auf eine Kandidatur 102 Stimmen bei der Wahl zum SPD-Vorsitzenden auf dem Parteitag in Jena
7.12.1911	Tod des Bruders Wilhelm (*1865)
25.1.1912	Sieg in der Stichwahl um das Reichstagsmandat im Wahlkreis Elberfeld-Barmen (Wuppertal)
1912–1918	Mitglied des Reichstages
20.9.1913	Mit 433 von 473 Stimmen Wahl zu einem der beiden Parteivorsitzenden auf dem SPD-Parteitag in Jena
1913–1919	Ebert ist einer der beiden SPD-Vorsitzenden
30.7.1914	Wegen zu befürchtender Maßnahmen der Regierung gegen die SPD im Falle eines Krieges Reise Eberts mit Otto Braun in die Schweiz (Zürich)
4.8.1914	Rückkehr nach Berlin; Zustimmung der SPD-Reichstagsfraktion zu den Kriegskrediten; »Burgfriedenspolitik«
11.1.1916	Wahl in den dreiköpfigen Vorstand der SPD-Reichstagsfraktion mit 56 von 86 Stimmen
14.2.1917	Tod des Sohnes Heinrich in einem Lazarett in Mazedonien
6.–8.4.1917	Gründung der USPD
5.5.1917	Tod des Sohnes Georg an der französischen Front

Zeittafel

4.–13.6.1917	Verhandlungen einer von Ebert geführten SPD-Delegation zur Vorbereitung einer internationalen Friedenskonferenz der Sozialisten in Stockholm
Juli 1917	Bildung des Interfraktionellen Ausschusses; Friedensresolution des Reichstages (19.7.)
Jan. 1918	Munitionsarbeiterstreik in Berlin; Ebert Mitglied im Streikausschuss
3.10.1918	Max von Baden Reichskanzler; Regierung unter erstmaliger Beteiligung der SPD
28.10.1918	Verfassungsreformen (Parlamentarisierung) vom Reichstag verabschiedet
9.11.1918	Abdankung von Kaiser Wilhelm II.; Ernennung Eberts zum Reichskanzler; Ausrufung der Republik durch Philipp Scheidemann (SPD)
10.11.1918	Bildung des Rates der Volksbeauftragten aus SPD (Friedrich Ebert, Philipp Scheidemann, Otto Landsberg) und USPD (Hugo Haase, Wilhelm Dittmann, Emil Barth); Verständigung zwischen Ebert und General Wilhelm Groener
11.11.1918	Unterzeichung des Waffenstillstandes durch Matthias Erzberger (Zentrum)
12.11.1918	Verkündung des Reformprogramms der Revolutionsregierung, u. a. Einführung des Achtstundentages und des Frauenwahlrechts
16.–20.12.1918	Reichskongress der Arbeiter- und Soldatenräte in Berlin; Entscheidung für die parlamentarische Demokratie und für baldige Wahlen zur Nationalversammlung
29.12.1918	Austritt der USPD aus dem Rat der Volksbeauftragten; neue Regierungsmitglieder: Gustav Noske (SPD) und Rudolf Wissell (SPD)
1.1.1919	Gründung der KPD
5.–12.1.1919	Januar-Aufstand (»Spartakus-Aufstand«) der radikalen Linken
15.1.1919	Ermordung von Rosa Luxemburg und Karl Liebknecht
19.1.1919	Wahl zur Nationalversammlung; SPD 37,9 %
6.2.1919	Eröffnung der Nationalversammlung in Weimar

11.2.1919	Wahl Eberts zum Reichspräsidenten durch die Nationalversammlung mit 277 von 379 abgegebenen Stimmen; Niederlegung des Nationalversammlungsmandates (13.2.)
13.2.1919	Scheidemann Reichsministerpräsident (Reichskanzler) der Weimarer Koalition aus SPD, Zentrum und DDP
23.6.1919	Ermächtigung der Regierung von Gustav Bauer (SPD) durch die Nationalversammlung zur Annahme des Friedensvertrages
28.6.1919	Unterzeichnung des Friedensvertrages in Versailles von deutscher Seite durch die Minister Hermann Müller (SPD) und Johannes Bell (Zentrum)
31.7.1919	Verabschiedung der Verfassung mit 262 von 338 abgegebenen Stimmen in der Nationalversammlung
21.8.1919	In Weimar Vereidigung Eberts auf die von ihm am 11.8. unterzeichnete Verfassung
13.–18.3.1920	Kapp-Lüttwitz-Putsch; Generalstreik der Arbeiterschaft
27.3.1920	Hermann Müller (SPD) Reichskanzler; Otto Gessler Reichswehrminister
6.6.1920	Reichstagswahlen; hohe Einbußen der SPD (nur noch 21,7 %); Verlust der Mehrheit für die Weimarer Koalition
25.6.1920	Constantin Fehrenbach (Zentrum) Reichskanzler; bürgerliches Minderheitskabinett ohne SPD
4.–7.12.1920	Anschluss des linken USPD-Flügels an die KPD
10.5.1921	Joseph Wirth (Zentrum) Reichskanzler
26.8.1921	Ermordung von Ex-Minister Matthias Erzberger
16.4.1922	Deutsch-sowjetrussischer Vertrag von Rapallo
24.6.1922	Ermordung von Außenminister Walther Rathenau
24.9.1922	Wiedervereinigung von SPD und der Rest-USPD
24.10.1922	Verlängerung der Amtszeit Eberts bis zum 30. Juni 1925 durch den Reichstag mit 314 gegen 76 Stimmen
21.11.1922	Wilhelm Cuno (parteilos) Reichskanzler; Kabinett der »Persönlichkeiten«
11.1.1923	Besetzung des Ruhrgebietes durch französische und belgische Truppen; Proklamation des passiven Widerstandes durch die Reichsregierung

Zeittafel

13.8.1923	Gustav Stresemann (DVP) Reichskanzler einer Großen Koalition im Zeichen der Hyperinflation
26.9.1923	Abbruch des passiven Widerstandes; Verhängung des Ausnahmezustandes
29.10.1923	»Reichsexekution« gegen Sachsen: Absetzung der SPD/KPD-Landesregierung
8./9.11.1923	Hitler-Putsch in München; Ernennung Seeckts zum Inhaber der vollziehenden Gewalt
30.11.1923	Wilhelm Marx (Zentrum) Reichskanzler
28.2.1924	Aufhebung des militärischen Ausnahmezustandes
13.3.1924	Auflösung des Reichstages; Neuwahlen am 4.5.
20.10.1924	Auflösung des Reichstages; Neuwahlen am 7.12.
23.12.1924	Urteil im Magdeburger Prozess
15.1.1925	Hans Luther (parteilos) Reichskanzler
28.2.1925	Tod Eberts in Berlin
5.3.1925	Beisetzung in Heidelberg
26.4.1925	Wahl Paul von Hindenburgs zum Reichspräsidenten

Quellen und Literatur

Ein Nachlass von Friedrich Ebert ist nicht überliefert. Einen Teil seiner Papiere vernichtete er selbst; der verbliebene Rest verbrannte zum Großteil bei einem Bombenangriff im Zweiten Weltkrieg. Erhalten geblieben sind nur wenige Schriftstücke. Seine umfangreichen Dienstakten als Reichspräsident befinden sich im Bundesarchiv Berlin.

Gedruckte Quellen

EBERT, Friedrich: Schriften, Aufzeichnungen, Reden. Mit unveröffentlichten Erinnerungen aus dem Nachlaß, 2 Bde., Dresden 1926.

EBERT, Friedrich: Kämpfe und Ziele. Mit einem Anhang: Erinnerungen von seinen Freunden, Dresden o. J.

BRAMMER, Karl (Bearb.): Der Prozeß des Reichspräsidenten, Berlin 1925.

BUSE, Dieter K. (Hrsg.): Parteiagitation und Wahlkreisvertretung. Eine Dokumentation über Friedrich Ebert und seinen Reichstagswahlkreis Elberfeld-Barmen 1910–1918, Bonn-Bad Godesberg 1975.

MÜHLHAUSEN, Walter (hrsg. unter Mitarbeit von Bernd Braun): Friedrich Ebert und seine Familie. Persönliche Briefe 1909–1924, München 1992.

Literatur (Auswahl)

BESSON, Waldemar: Friedrich Ebert. Verdienst und Grenze, Göttingen, 2. Aufl. 1970.

BIRKENFELD, Wolfgang: Der Rufmord am Reichspräsidenten. Zu Grenzformen des politischen Kampfes gegen die frühe Weimarer Republik 1919–1925, in: Archiv für Sozialgeschichte (1965), S. 453–500.

BUSE, Dieter K.: Friedrich Ebert – Sein Weg zum Politiker von nationaler Bedeutung (1915–1918), Heidelberg, 2. Aufl. 1994.

DERS.: Reichspräsidentschaft und neue Exekutive 1919. Friedrich Ebert und die Wendepunkte deutscher Geschichte, in: Dietrich PAPENFUSS/Wolfgang SCHIEDER (Hrsg.): Deutsche Umbrüche im 20. Jahrhundert, Köln/Weimar/Wien 2000, S. 109–133.

Friedrich Ebert und seine Zeit. Ein Gedenkwerk über den ersten Präsidenten der deutschen Republik, Berlin-Charlottenburg o. J. [1926].

Friedrich Ebert 1871–1925. Mit einem einführenden Aufsatz von Peter-Christian WITT, Bonn, 2. Aufl. 1980.

Friedrich Ebert als Reichspräsident (1919–1925). Konferenz der Friedrich-Ebert-Stiftung zum 80. Todestag. Hrsg. von der Friedrich-Ebert-Stiftung, Berlin 2005.

GREBING, Helga: Friedrich Ebert – Von der Verantwortung für die Demokratie in Deutschland, Heidelberg 1996.

KOLB, Eberhard: Die Weimarer Republik, München, 7. Aufl. 2009.

DERS. (Hrsg.): Friedrich Ebert als Reichspräsident. Amtsführung und Amtsverständnis, München 1997.

KÖNIG, Rudolf/SOELL, Hartmut/WEBER, Hermann (Hrsg.): Friedrich Ebert und seine Zeit. Bilanz und Perspektiven der Forschung, München, 2. Aufl. 1991.

KOTOWSKI, Georg: Friedrich Ebert. Eine politische Biographie, Bd. 1: Der Aufstieg eines deutschen Arbeiterführers 1871 bis 1917, Wiesbaden 1963.

MÖLLER, Horst: Die Weimarer Republik. Eine unvollendete Demokratie, München, 8. Aufl. 2006.

MOMMSEN, Hans: Friedrich Ebert als Reichspräsident, in: DERS.: Arbeiterbewegung und Nationale Frage. Ausgewählte Aufsätze, Göttingen 1979, S. 296–317.

DERS.: Aufstieg und Untergang der Republik von Weimar. 1918–1933, Berlin, 2. Aufl. 2004.

MÜHLHAUSEN, Walter: Friedrich Ebert – Sein Leben, sein Werk, seine Zeit. Begleitband zur ständigen Ausstellung in der Reichspräsident-Friedrich-Ebert-Gedenkstätte, Heidelberg 1999.

DERS.: Die Republik in Trauer. Der Tod des ersten Reichspräsidenten Friedrich Ebert, Heidelberg 2005.

DERS.: Friedrich Ebert (1871–1925), in: Reinhold WEBER/Ines MAYER (Hrsg.): Politische Köpfe aus Südwestdeutschland, Stuttgart 2005, S. 94–105.

DERS.: Friedrich Ebert 1871–1925, in: Wilhelm von STERNBURG (Hrsg.): Die deutschen Kanzler. Von Bismarck bis Merkel, Berlin 2006, S. 186–209.

DERS.: Friedrich Ebert 1871–1925. Reichspräsident der Weimarer Republik, Bonn, 2. Aufl. 2007.

DERS.: Der Reichspräsident zwischen Tradition und Moderne. Zur Rolle Friedrich Eberts in der Republik von Weimar, in: Ute SCHNEIDER und Lutz RAPHAEL (Hrsg.): Dimensionen der Moderne, Frankfurt a. M. 2008, S. 331–346.

Ders.: Im Visier der Fotografen – Reichspräsident Friedrich Ebert im Bild, Heidelberg 2009.

Ders.: Die Republik entblößt. Das Badehosen-Foto von Friedrich Ebert und Gustav Noske, in: Gerhard Paul (Hrsg.): Das Jahrhundert der Bilder 1900 bis 1949, Göttingen 2009, S. 236–243.

Ders. (Hrsg.): Erinnern und Gedenken – 20 Jahre Reichspräsident-Friedrich-Ebert-Gedenkstätte, Heidelberg 2009.

Münch, Ronald A.: Von Heidelberg nach Berlin. Friedrich Ebert 1871–1905, München 1991.

Peukert, Detlev J. K.: Die Weimarer Republik. Krisenjahre der klassischen Moderne, Frankfurt a. M. 1987.

Pyta, Wolfram: Die Weimarer Republik, Opladen 2004.

Ders.: Die Präsidialgewalt in der Weimarer Republik, in: Marie-Luise Recker (Hrsg.): Parlamentarismus in Europa. Deutschland, England und Frankreich im Vergleich, München 2004, S. 65–95.

Schönhoven, Klaus: Reformismus und Radikalismus. Gespaltene Arbeiterbewegung im Weimarer Sozialstaat, München 1989.

Winkler, Heinrich August: Von der Revolution zur Stabilisierung. Arbeiter und Arbeiterbewegung in der Weimarer Republik 1918 bis 1924, Berlin/Bonn 1984.

Ders.: Der Schein der Normalität. Arbeiter und Arbeiterbewegung in der Weimarer Republik 1924 bis 1930, Berlin/Bonn 1985.

Ders.: Weimar 1918–1933. Die Geschichte der ersten deutschen Demokratie, München, 2. Aufl. 1994.

Wirsching, Andreas: Die Weimarer Republik. Politik und Gesellschaft, München 2000.

Witt, Peter-Christian: Friedrich Ebert. Parteiführer – Reichskanzler – Volksbeauftragter – Reichspräsident, Bonn, 4. Aufl. 2008.

Weiterführende Internet-Links

http://www.ebert-gedenkstaette.de
http://www.fes.de
http://www.fes-online-akademie.de